Symbol Stories for Children

A symbol can be a promise and a code between people. If you know the symbol, you have a very specific meaning in mind. But, if you don't know the symbol, it is a closely-guarded secret. So symbols can sometimes be difficult, but they can also easy.

From ancient to modern times, many symbols were made. We used these little symbols for brevity instead of spelling out individual words. For example, road signs use symbols to give information and warnings.

The origin of the heart shape varies in many stories through time and around the world. Some experts believe that the heart shape came from the wings of doves, which were associated with Aphrodite, the ancient Greek goddess of love. Also, some experts think the heart shape originated from a human heart.

The origins of today's standard heart shape are a bit controversial, though, since it hardly resembles a human heart. In fact, the heart shape looks more similar to the heart of a cow or turtle than that of a human.

Nonetheless, the traditional heart shape has been around for ages and has long been used as a symbol of the human mind and soul.

Each symbol has its own story and meanings. The book not only tells about

the history of the symbol but is also filled with the stories of the origin, culture, and branding. Brands are logos (words or symbols) and pictures that companies use to tell people about themselves.

This is a fun history exploration book about symbols and corporate logos. So, let's travel around the world to meet the surprising and wonderful world of symbols.

In the Text

1. *The Origin of Symbols and Brand Stories*
    - *Stars, Hearts, Circle, Square, Triangle, Arrow, Lightning, Note, Question Mark, Exclamation Mark, Cross, X, Check Marks, Smiley, Checked, Eye, Skull*
2. *The Shape of Symbols and Emblem Stories*
    - *Emoticon*
    - *Sexual symbol*
    - *Hot Springs sign*
    - *Prescription symbol*
    - *Email symbol*
    - *Korean monetary unit*
    - *Period and comma*
    - *Emergency exit icon*

세상을 읽어내는
기호 이야기

풀과바람 지식나무 33

세상을 읽어내는 기호 이야기
Symbol Stories for Children

1판 1쇄 | 2017년 2월 20일
1판 4쇄 | 2018년 1월 19일

글 | 박영수
그림 | 노기동

펴낸이 | 박현진
펴낸곳 | (주)풀과바람
주소 | 경기도 파주시 회동길 329(서패동, 파주출판도시)
전화 | 031) 955-9655~6
팩스 | 031) 955-9657
출판등록 | 2000년 4월 24일 제20-328호
홈페이지 | www.grassandwind.com
이메일 | grassandwind@hanmail.net

편집 | 이영란
디자인 | 박기준
마케팅 | 이승민

ⓒ글 박영수, 그림 노기동, 2017

이 책의 출판권은 (주)풀과바람에 있습니다.
저작권법에 의해 보호를 받는 저작물이므로 무단 전재와 복제를 금합니다.

값 12,000원
ISBN 978-89-8389-685-8 73300

※잘못 만들어진 책은 구입처에서 바꾸어 드립니다.

이 도서의 국립중앙도서관 출판예정도서목록(CIP)은 서지정보유통지원시스템 홈페이지(seoji.nl.go.kr)와
국가자료공동목록시스템(www.nl.go.kr/kolisnet)에서 이용하실 수 있습니다. (CIP제어번호 : CIP2016030201)

제품명 세상을 읽어내는 기호 이야기 | **제조자명** (주)풀과바람 | **제조국명** 대한민국
전화번호 031)955-9655~6 | **주소** 경기도 파주시 회동길 329
제조년월 2018년 1월 19일 | **사용 연령** 8세 이상
KC마크는 이 제품이 공통안전기준에 적합하였음을 의미합니다.

⚠ **주의**
어린이가 책 모서리에
다치지 않게 주의하세요.

세상을 읽어내는
기호 이야기

박영수 · 글 | 노기동 · 그림

풀과바람

머리글

　기호는 서로 간의 약속이자 암호입니다. 그 내용을 아는 사람에겐 특정한 의미를 알리는 것이지만, 모르는 사람에겐 알 수 없는 비밀이기 때문입니다. 그래서 어떤 이는 이렇게 말했습니다.

　"기호는 쉬운 표시이자 어려운 상징이다!"

　누구나 쉽게 알아볼 수 있는 간략한 알림 표시이기도 하고, 그 유래나 의미를 모르면 파악하기 힘든 암호라는 뜻입니다.

　♪ ♥ ★ □ ? ……

　고대부터 현대까지 여러 기호가 탄생했고 지금도 널리 사용하고 있습니다. ♥(하트 마크)처럼 세계적으로 널리 알려진 기호에서부터 알쏭달쏭한 악마의 눈 기호에 이르기까지 그 종류는 무척 많습니다.

　지금 우리가 사용하는 기호 중에는 사물을 단순화시켰기에 바로 의미를 파악할 수 있는 기호도 있고, 짐작하기 힘든 기호도 있습니다. 그런가 하면 이유는 모르지만, 무엇을 상징하는지 유추할 수 있는 기호도 있습니다. 그러하기에 필자는 감히 말합니다.

　"기호의 유래를 여행하자!"

　한 가지 예를 들어볼까요? 하늘의 별을 상징하는 ★ 마크는 행성을 표현한 기호가 아닙니다. '행성은 둥근 물체'라는 사실은 누구나 아는 과학

상식이잖아요.

　그렇지만 이런저런 이유로 ★ 마크는 하늘에서 반짝이는 별을 상징하는 기호로 쓰이고 있고, 일부 문화권에서는 약간 모양이 다른 기호를 별 마크로 쓰고 있습니다. 그 유래를 알아야 비로소 이해가 되는 대표적 기호입니다.

　그 밖에도 각각의 기호는 저마다 사연과 상징을 지니고 있습니다. 이 책은 그러한 기호들의 유래와 상징, 그리고 그와 관련된 기업들의 트레이드마크를 다루었습니다. 따라서 이 책은 기호와 기업 로고에 관한 재미있는 역사 탐험 책이라고도 할 수 있습니다.

　아무쪼록 독자 여러분에게 많은 도움이 되기를 바랍니다.

박영수

차례

제1부. 기호 유래와 브랜드 이야기

★☆ 별별 모양 이야기 - 브랜드 벤츠, 하이네켄, 미슐랭 ·8

♥♡ 하트 마크 이야기 - 브랜드 구치, 샤넬, UPS ·15

●○ 동그라미 이야기 - 올림픽 마크, 브랜드 아우디 ·22

□◇ 네모, 사각 이야기 - 브랜드 MS Windows, 레고, 미국의 MTV ·28

△▼ 세모 이야기 - 브랜드 AIA, 알리안츠, 현대 그룹 ·35

←↑→ 화살표 이야기 - 브랜드 아마존, 페덱스, 데상트 ·43

⚡ 번개 기호 이야기 - 브랜드 오펠, 선더볼트 ·50

♪♬ 음표와 악보 이야기 - 브랜드 피아니시모, 마세라티, 뱅앤올룹슨 ·58

? 물음표 이야기 - 브랜드 게스, MBC 무한도전 ·64

! 느낌표 이야기 - 브랜드 벅스, 라코스테 라이브 ·70

✝ 십자가 기호 이야기 - 브랜드 바이엘 ·76

X 미지수, 가새표 이야기 - 브랜드 제록스 ·82

✓ 체크 마크 이야기 - 응용 기호 K마크, GD마크, G마크 ·89

☺ 스마일 마크 이야기 - 브랜드 월마트, 펩시콜라, 소노비 ·95

▦ 체크무늬 이야기 - 브랜드 쉐보레 콜벳, 버버리 ·102

⊙ 눈과 눈동자 이야기 - 브랜드 미국의 CBS, 콤므 데 가르송 ·109

☠ 해골 기호 이야기 - 브랜드 에스파냐의 스켈퍼스, 스웨덴의 칩 먼데이 ·116

제2부. 기호의 모양과 상징 이야기

이모티콘은 언제 처음 등장했을까? ·124

암수 기호(♀·♂)의 유래 ·129

온천 기호(♨)는 언제 생겼을까? ·134

약 봉투에 그려진 처방전 기호는 무슨 뜻일까? ·139

이메일 기호(@)는 무슨 뜻일까? ·144

우리나라 화폐 단위 기호의 유래 ·150

문장 부호 마침표와 쉼표의 유래 ·154

비상구 아이콘의 유래 ·159

제1부 | 기호 유래와 브랜드 이야기

별별 모양 이야기 - 브랜드 벤츠, 하이네켄, 미슐랭

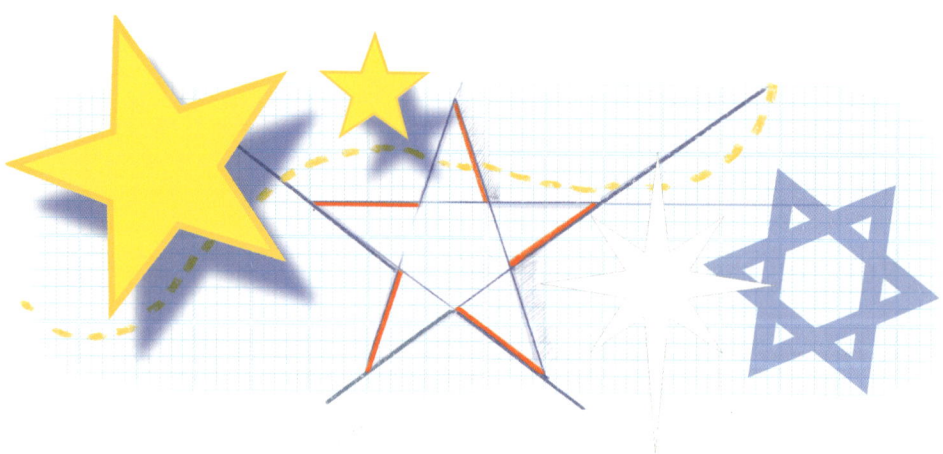

"우리 밤하늘의 별을 그려 볼까?"

이렇게 말하면 사람들 대부분은 꼭짓점 5개의 별을 그릴 겁니다. 하지만 독일이나 프랑스 같은 중부 유럽 사람들은 꼭짓점 6개 별을 그리기도 하며, 고정 관념이 없는 사람은 동그라미를 그린 다음 그 주변에 빛살을 그리기도 합니다.

네덜란드의 맥주 브랜드 하이네켄(Heineken)은 붉은 별을 상표로 사용하고, 독일 자동차 브랜드 벤츠(Benz)는 꼭짓점 3개인 별 엠블럼(브랜드를 상징하는 기호)으로 유명합니다. 별의 실제 모양은 둥근 형태이지만, 우리는 왜 이렇게 다양하게 표현할까요?

"어둠을 물리쳐 주시는 신성한 별님이시여!"

인류는 오랫동안 별을 신처럼 숭배했습니다. 인간은 어둠을 두려워하는데, 별이 밝은 빛으로 어둠을 물리치듯 신성함으로 악한 기운을 물리칠 수 있다고 믿은 까닭입니다. 이때의 별은 하늘이나 밤하늘의 지배자를 상징했습니다.

"별의 빛줄기를 나타낼 방법이 없을까?"

꼭짓점 5개로 이뤄진 별(★)을 처음 그린 사람은 기원전 3000년쯤의 고대 이집트 인입니다. 이집트 인은 피라미드 벽화에 반짝이는 별빛을 다섯 갈래 빛줄기(★)로 표현했습니다. 다시 말해 ★ 기호는 별의 빛이 사방으로 퍼지는 모습을 상징적으로 나타낸 것입니다.

"별의 빛줄기가 못된 것들을 틀림없이 혼내 줄 거야."

특별한 기호에는 특별한 의미가 부여되기 마련입니다. 이집트 인은 꼭짓점 5개 별에 별빛의 신성함이 들어 있어서 악한 기운을 물리쳐 주리라고 믿었습니다. 비슷한 시기에 바빌로니아 인은 신(神)을 ★ 모양으로 표시했습니다. 하늘의 별을 절대 권력을 지닌 신으로 여겼기 때문입니다.

이집트 인은 다섯 갈래 빛줄기를 현재 모양보다 조금 길게 그렸고, 바빌로니아 인은 쐐기 문자로 썼다는 차이만 있을 뿐 종교적 신앙 대상을 ★ 모양으로 표현한 것은 똑같습니다.

"별에는 여러 의미가 담겨 있지."

고대 그리스 인도 별을 꼭짓점 5개 모습으로 그렸습니다. 그리스 인은 숫자 2에 안정적이며 여성적 특성이 있다고 믿었고, 3에는 힘이 넘치는 남성적 특성이 있다고 믿었습니다. 또한 2와 3을 합친 5는 두 세력이 힘을 합쳐 강력하고 완전한 힘을 내뿜는다고 생각했습니다.

"물 항아리에 별 기호를 그리면 물이 깨끗해진대."

그리스 인은 나아가 ★의 뾰족한 부분이 빛을 내뿜어 사악한 것들을 물리친다고 믿었고, 그런 생각에서 항아리에 ★을 그려 넣어 부적으로 삼았습니다.

"우리는 별처럼 합쳐진 완전체이다!"

박애주의 비밀 결사 조직인 프리메이슨은 '완전함'을 나타내기 위해서 꼭짓점 5개 별이나 6개 별을 자신들의 상징 기호로 사용했습니다.

'프리메이슨'은 1717년에 영국 런던에서 만들어진 단체로, 중세 건축물 공사에 참여한 석공들이 모여 자신들만의 암호로 의사소통한 비밀스러운 조직입니다.

이들은 여러 기호를 사용했는데, 컴퍼스와 직각자를 결합해 만든 다윗의 별은 남자와 여자, 하늘과 땅, 정신과 물질, 빛과 어둠 등 상반된 세계의 융화를 상징합니다.

"우리는 별들을 천국에서 가져왔다. 붉은색은 본국(영국)을 뜻하고 흰색 줄무늬는 우리가 영국에서 분리됐음을 나타내며 이는 또한 자손 대대로 자유를 상징할 것이다."

미국 초대 대통령 조지 워싱턴이 성조기에 관해 설명한 말입니다. 18세기에 미국이 영국으로부터의 독립을 선언한 뒤 국기에 13개 주(州)를 상징하는 13개 별을 넣으면서 꼭짓점 5개 별이 미국의 대표적 기호처럼 널리 알려졌습니다.

미국을 구성하는 주의 수만큼 별이 늘어, 지금은 성조기에 50개의 별이 있습니다.

실제 별은 길쭉하게 둥근 모양입니다. 그렇지만 군사 강국 미국이 최근까지 세계 전역을 지배한 영향으로 사람들 대부분은 관습적으로 별무늬를 꼭짓점 5개의 모양으로 그리고 있습니다.

"저 높은 곳에서 빛나는 별이여!"

현대 들어서 별에 대한 관념은 살짝 변했습니다. 인류는 오랫동안 별을, 어둠 속에서 착한 인간을 지켜 주는 신성한 존재로 생각했습니다. 그러나 에디슨이 전등을 발명한 이후 별의 상징적 의미는 '최고', '가장 높은 곳', '목표'로 바뀌었습니다.

"우리 회사의 상징 기호로 별을 쓰면 좋겠어."

거기에 자본주의가 빠르게 확산되면서 여러 기업이 앞다투어 별을 트레이드마크(등록 상표)로 썼습니다. 몇 가지 예를 살펴볼까요.

벤츠의 엠블럼은 창업자 다임러가 직접 만들었습니다. 다임러는 아내에게 보낸 엽서에서 자기가 일하는 지역 위에 솟아오르는 꼭짓점 3개의 별을 그려 넣은 다음 이렇게 적었습니다.

"언젠가는 이 별이 우리 공장 위에서 찬란하게 빛날 것이오."

다임러에게 있어 '별' 자체는 '성공'을 상징했지만, 무늬 자체

는 꼭짓점 3개로 표현했습니다. 당시 자동차 회사들은 항공기 엔진도 만들었기에, 다임러는 '육지, 바다, 하늘' 세 분야에서 최고가 되겠다는 뜻을 그렇게 나타낸 것입니다.

상표(브랜드)는 사업자가 자기 상품에 대하여, 경쟁자들의 것과 구별하기 위해 사용하는 기호·문자·도형 등의 일정한 표지를 말합니다. 다른 제품과 구별할 뿐만 아니라 제품의 성격과 특징을 쉽게 전달하고, 품질에 대한 신뢰를 끌어올려 판매에 영향을 끼치기 때문에 매우 중요한 상징 체계가 되었습니다.

하이네켄의 트레이드마크 붉은 별에 담긴 뜻은 무엇일까요? 하이네켄의 역사는 1864년으로 거슬러 올라가지만, 붉은 별은 창업자의 손자인 알프레드 하이네켄이 처음 선보였습니다.

"색깔과 기호로 우리 회사의 성공을 기원해야겠어."

그는 현대적인 마케팅을 도입하면서 초록 병과 붉은 별 로고를 만들었습니다.

독특한 초록색 병은 순수하고 깔끔함을 상징하고, 붉은 별은 중세 시대 맥주 제조업자들이 성공적 발효를 기원하며 양조장 입구에 걸어 둔 부적에서 차용한 것이었습니다. '최고의 맛'을 뜻하는 듯 보이는 '붉은 별'이 본래는 '액운 퇴치'와 '성공'을 더불어 기원하는 기호인 것입니다.

"최고 등급에도 차이가 있지."

프랑스에서 1889년 타이어 회사를 창립한 미슐랭 형제는 운전자를 위한 여행, 식당 정보 안내서 〈기드 미슐랭(미슐랭 가이드)〉을 발행하며 음식점 평가를 별의 개수로 표시했습니다. 별 모양은 흔히 주석을 나타낼 때 쓰는 ＊(애스터리스크)를 썼습니다.

이때의 별은 '으뜸', '최고'를 뜻합니다(〈기드 미슐랭〉에서 별은 하나에서 셋까지 구분되고, 셋이 최고 등급을 의미합니다). 〈기드 미슐랭〉은 세계 최고 권위의 안내서로 명성이 자자해 요리사들은 별점을 하나만 받아도 영광으로 생각합니다.

이처럼 하늘의 별은 언제나 변함없었건만, 기호로서의 별 모양은 사람들의 의식이 변하면서 그 가치 또한 달라져왔습니다.

하트 마크 이야기 - 브랜드 구치, 샤넬, UPS

"사랑의 화살을 쏘았다."

누군가가 사랑에 빠졌을 때 이렇게 표현합니다. 에로스에서 비롯된 말이기 때문입니다.

에로스(Eros)는 그리스 신화에 등장하는 사랑의 신으로 아프로디테의 아들이며, 로마 신화의 큐피드에 해당합니다. 에로스는 '욕망'을 인격화한 신입니다.

에로스는 사랑, 미움을 관장하는 아프로디테의 아들로 태어난 까닭에 사랑이나 미움을 전달할 수 있는 능력을 지녔습니다. 이때 그 전달 방법은 화살이었습니다. 왜 그럴까요?

화살은 활시위에 메워서 당겼다가 놓으면 그 반동으로 멀리 날아가는 특성이 있습니다. 그 특성을 반영해 에로스의 화살은 사랑이 내 가슴에 먼저 들어왔다가 상대에게 더 강하게 되돌아가는 심리적 특성을 상징합니다.

"어느 화살을 쏘아 줄까?"

신화에 따르면 에로스는 뾰족한 황금 화살과 끝이 무딘 잿빛 납 화살을 가지고 다니다가 기분 내키는 대로 화살을 쏘았습니다. 뾰족한 황금 화살은 처음 보는 상대에게 바로 사랑에 빠지게 했습니다. 무딘 납 화살은 반대로 감정을 무디게 만들어 처음 보는 사람에게 심한 거부감이 들게 했습니다.

이와 관련된 이야기가 있습니다. 에로스는 자기 활 솜씨를 놀리는 음악의 신 아폴론에게 황금 화살을 쏘고, 아름다운 요정 다프네에게는 납 화살을 쏘았습니다. 사랑에 빠진 아폴론은 다프네에게 구애했으나, 다프네는 도망 다니다가 아버지인 강물의 신에게 도움을 요청해 월계수로 변했다고 합니다.

이렇듯 그리스 신화의 영향 때문에 사람들은 '에로스'하면 '사랑'을 떠올립니다.

"그렇다면 사랑을 상징하는 하트 마크는 어떻게 생긴 걸까?"

사랑의 상징 기호로는 ♥(하트 마크)가 유명합니다. 하트 마크는 무엇을 보고 그린 상징 기호일까요?

♥(하트 마크)는 본래 '사랑'을 상징하는 기호가 아니었습니다. 처음에는 기독교에서 '예수의 피'를 뜻하는 붉은 포도주를 담는 신성한 술잔인 '성배'를 상징하는 기호였습니다.

"심장이 심하게 뛰는 걸 느껴! 그를 사랑하나 봐."

그러나 중세 시대 들어 ♥ 기호의 의미가 달라졌으며, 이때부터 '사랑'을 뜻하기 시작했습니다.

중세 유럽 인은 마음이 가슴에 있다고 믿었습니다. 그래서 맹세할 때는 가슴에 손을 올리며 약속을 다짐했습니다. 뜨거운 사랑을 고백할 때는 '가슴이 뛴다.'고 표현했습니다.

가톨릭 계통의 학교 이름에 '성심(聖心)'이란 말이 세계적으로 널리 쓰이는데, 여기에서 마음[心]은 곧 가슴(심장)을 뜻합니다. 일반적으로 가톨릭 계열 병원이 '성심 병원'이란 말을 사용하는 이유도 여기에 있습니다.

"성배에서 심장을 거쳐 뜨거운 마음을 상징하게 된 거구나."

정리해 말하자면 ♥ 기호는 '인체의 심장'과 '피를 담는 그릇 성배'의 상징적 의미가 자연스럽게 합쳐져서 생겼습니다. '심장'은 곧 '마음'이므로 ♥는 사랑의 근원지인 '심장(뜨거운 마음)'을 상징하는 기호가 된 것입니다.

"하트 마크는 심장을 그대로 그린 걸까?"

그런데 하트 모양은 실제 심장 모양과는 차이가 있습니다. 심장은 찌그러진 동그라미 모양입니다.

그런데도 사랑하는 마음의 상징 기호를 ♥로 그리게 된 것은 남성의 시각적 욕망과 관계가 깊습니다. 남성은 여성의 젖가슴 윗부분이나 궁둥이 아랫부분에서 종종 성적 매력을 느끼는데, ♥는 여성의 그 신체 부위를 간략히 표현한 것이고, 나아가 성적 사랑을 뜻하는 기호로 쓰이게 됐습니다.

이렇게 본래 성배에서 시작된 상징 기호가 뜨거운 마음을 나타내다가, 세속적인 육체적 욕망이 반영되어 하트 마크가 된 것입니다.

하트 마크는 근대 들어서 사랑의 기호로 쓰이기 시작했습니다. 대표적 예로 프랑스의 와인 브랜드 '샤토 칼롱 세귀르'를 들 수 있습니다. '샤토'는 성(城), '칼롱'은 나무란 뜻이고, '세귀르'는 보르도 포도밭의 주인이었던 후작의 이름입니다.

　18세기에 '보르도 와인의 신'으로 불린 세귀르 후작은 여러 와인 중에서 3등급인 칼롱을 가장 좋아한다고 자주 말했기에, 그가 아꼈던 포도밭에서 생산된 와인 라벨에 하트 모양을 그려 넣게 됐다고 합니다. 이 하트 덕분에 연인의 날을 기념하는 와인으로 자리 잡았으니, 와인에 대한 사랑이 연인에 대한 사랑으로 바뀐 셈입니다.
　"너무 마음에 들어. 하트 5개도 부족해."
　오늘날에는 여러 기업에서 사랑에 관심이 많은 여성을 위한 기호나 무늬로 하트 마크를 적극 사용하고 있습니다.

몇 가지 사례를 볼까요. 이탈리아 브랜드 구치(GUCCI)는 2개의 G를 위아래로 겹친 이니셜(머리글자) 로고를 하트 모양으로 디자인한 숄더백을 선보였습니다.

프랑스 브랜드 샤넬(CHANEL)은 2개의 C가 대칭으로 겹치는 로고가 하트 무늬 안에 들어가도록 디자인한 로고 샌들을 선보였습니다.

　미국의 세계적 운송 회사 UPS는 화살표로 그린 하트 마크를 이용해 빠른 유통을 강조하고 있습니다. 하트 마크의 상징성이 워낙 강한 까닭에 독자적 기호로 사용하기보다 응용해서 쓴 것입니다.

　하트 마크는 아마도 세계에서 가장 널리 쓰이고, 가장 많은 사람이 아는 기호일 것입니다. 상징성이 워낙 강하다 보니 두 팔을 머리 위에 얹어 만드는 하트에서부터 두 손으로 만드는 양손 하트, 엄지 검지로 만드는 손가락 하트 등 응용 동작이 다양하게 나오고 있으며, 이런 흐름은 계속될 것입니다.

동그라미 이야기 - 올림픽 마크, 브랜드 아우디

"사신이 온다고?"

중국에서 조선의 인재를 시험하고자 사신을 보냈습니다. 이에 나라에서는 중국 사신과 겨뤄서 이기면 큰 상을 주고, 지면 처형하겠다는 방을 내붙여 인재를 모집했습니다.

떡보는 떡을 실컷 먹을 수 있다는 마을 사람의 꾐에 빠져서 자원했습니다.

떡보는 떡 먹을 생각에 흐뭇해하며 행복한 상상에 빠졌습니다.

"손으로 묻는 말에 손으로 대답만 하면 된다니 아주 쉽네. 빨리 떡 먹고 싶다."

중국 사신이 '하늘은 둥글다.'는 뜻으로 손가락으로 동그라미를 만들자, 떡보는 둥근 떡을 먹었느냐고 묻는 줄 알고 두 손으로 네모를 만들어 인절미를 먹었다고 대답했습니다. 그러자 사신은 떡보가 '땅은 네모지다.'라고 대답한 줄 알고 깜짝 놀랐습니다.

그런데 옛날 사람들은 하늘을 왜 둥글다고 생각했을까요? 그것은 태양도 둥글고, 달도 둥근 데다 동쪽에서 떠서 원을 그리며 서쪽으로 졌기 때문입니다. 반면에 네모는 땅을 뜻했습니다. 어느 방향이든 계속 걸어가면 끝에는 낭떠러지가 있는 형태로 지구를 상상한 까닭입니다.

"둥근 엽전 안에 왜 네모 모양으로 구멍을 뚫었을까?"

옛날 화폐에도 그런 관념이 담겨 있는데, 상평통보가 대표적입니다. 상평통보는 조선 숙종 때 전국적으로 널리 쓰인 화폐인데, 전체가 둥글고 가운데에 네모난 구멍을 뚫었습니다. 동전의 둥근 형태는 하늘을 표현한 것이고, 가운데 네모난 구멍은 땅을 표현한 것입니다.

"이 문서는 빨리 전달해야 한다!"

동그라미는 조선 시대에 급함을 나타내는 기호로도 쓰였습니다. 예를 들면 관아에서 통신을 보낼 때 봉투에 동그라미를 찍곤 했는데, 이는 매우 급한 소식이라는 표시였습니다.

"정답은 동그라미로 표시해야겠어."

근대에 이르러서는 옳거나 맞음을 나타낼 때 동그라미를 그렸습니다. 하늘을 상징하는 기호가 긍정 또는 찬성의 상징 기호로도 쓰이게 된 것입니다.

"시작도 끝도 없네."

서양에서 동그라미는 영원을 상징합니다. 직선은 시작과 끝이 분명하지만, 동그라미는 시작과 끝을 알 수 없기에 그렇습니다. 또한 태양과 신을 상징하고, 동심원(같은 중심을 가지며 반지름이 다른 2개 이상의 원)은 해와 달을 품은 하늘을 상징하기도 했습니다.

고대 이집트 귀족들은 현세의 행복이 영원히 계속되기를 바라는 마음에서 동그란 반지를 부적 삼아 손가락에 끼고 다녔습니다.

"동그라미, 네모, 세모 중 단연 동그라미가 예쁘네."

기원전 6세기에 활약한 그리스 수학자 피타고라스는 동그라미를 평면도형 중에서 가장 아름다운 형태라고 생각했습니다. 이런 관념들은 뒷날 손가락에 끼는 반지를 영원한 약속의 상징으로 만들었습니다.

"둥근 반지처럼 우리 영원히 사랑해요!"

고대 로마 인은 서로의 사랑을 확인하며 반지를 약혼의 표지로 삼았습니다. 이때 동그라미는 영속성과 맹세를 상징했습니다.

"내 영혼은 당신의 것이고, 당신의 마음은 나의 것입니다."

또한 영어 단어 '링(ring)'은 '정신적인 것을 담는 둥근 그릇'의 형태에서 비롯된 말로, 상대방에 대한 정신적 종속과 영원한 관계를 의미했습니다.

"동그라미가 겹친 모습은 이어짐을 나타내는 것이다."

오늘날 동그라미는 다양한 상징 기호로 쓰이고 있습니다. 스위스 심리학자 카를 구스타프 융은 동그라미를 인간 존재의 상징 기호로 보았으며, 일부 겹쳐진 동그라미들을 지속성의 상징 기호로 설명했습니다.

"바로 이거야. 대륙의 연결!"

그 점에 주목한 근대 올림픽 경기 창시자 쿠베르탱은 파랑, 노랑, 검정, 초록, 빨강의 오색 둥근 고리가 W 자를 이루며 이어진 오륜 마크를 만들었습니다. 오륜 마크는 하나로 이어진 유럽·아시아·아프리카·오세아니아·아메리카의 5개 대륙을 상징합니다. 하얀색 바탕은 국경을 초월한다는 의미가 있으나, 원의 특정 색이 특정 대륙을 뜻하는 것은 아닙니다.

"동그라미는 하나의 존재감이 확실히 느껴지는구나."

오륜 마크는 기업 로고 문화에 큰 영향을 끼쳤습니다. 독일 자동차 브랜드 아우디(Audi)의 엠블럼은 동그라미 4개가 일직선으로 조금씩 겹쳐진 모양인데, 이것은 1932년 합병된 아우디, 데카베, 호르히, 반데러 4개 회사의 결속을 상징합니다.

1969년 마스터 차지(Master Charge)라는 이름으로 출범한 마스터카드(Master Card)는 미국의 17개 은행 연합을 강조하고자 2개의 원이 겹쳐진 로고를 오랫동안 사용해 오고 있습니다.

요컨대 동그라미는 하늘로 출발해, 영원함을 상징하게 됐고, 나아가 하나의 존재를 의미하면서 연대감을 나타낼 때 겹친 동그라미를 애용하게 되었습니다.

네모, 사각 이야기
- 브랜드 MS Windows, 레고, 미국의 MTV

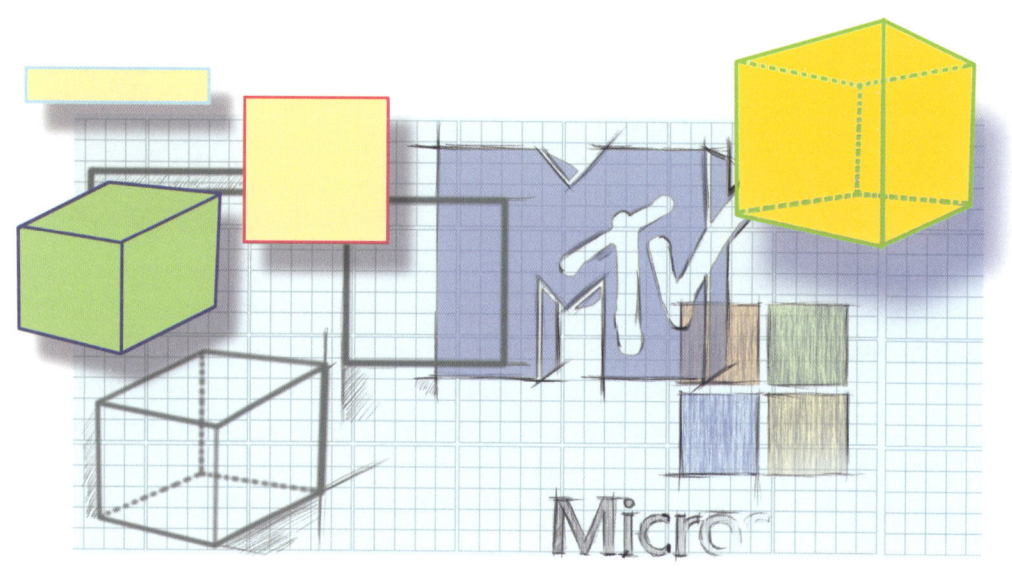

"땅을 둥글게 판 다음 기둥을 세워야 해."

인류 최초의 움막집은 허리 정도 깊이로 땅을 둥글게 파고 그 둘레에 나무(또는 매머드 뼈)로 기둥을 세운 다음 그 위에 지붕을 얹어 놓은 모습이었습니다. 또한 초기 움막집은 엎어 놓은 깔때기 같은 형태가 대부분이었습니다. 바람의 저항을 덜 받고 빗물이 고이지 않도록 하기 위해서였지요. 비슷한 이유로 자주 이동하는 유목민의 집도 대부분 둥근 형태로 지어집니다. 그런데 현대의 집은 왜 대체로 네모날까요?

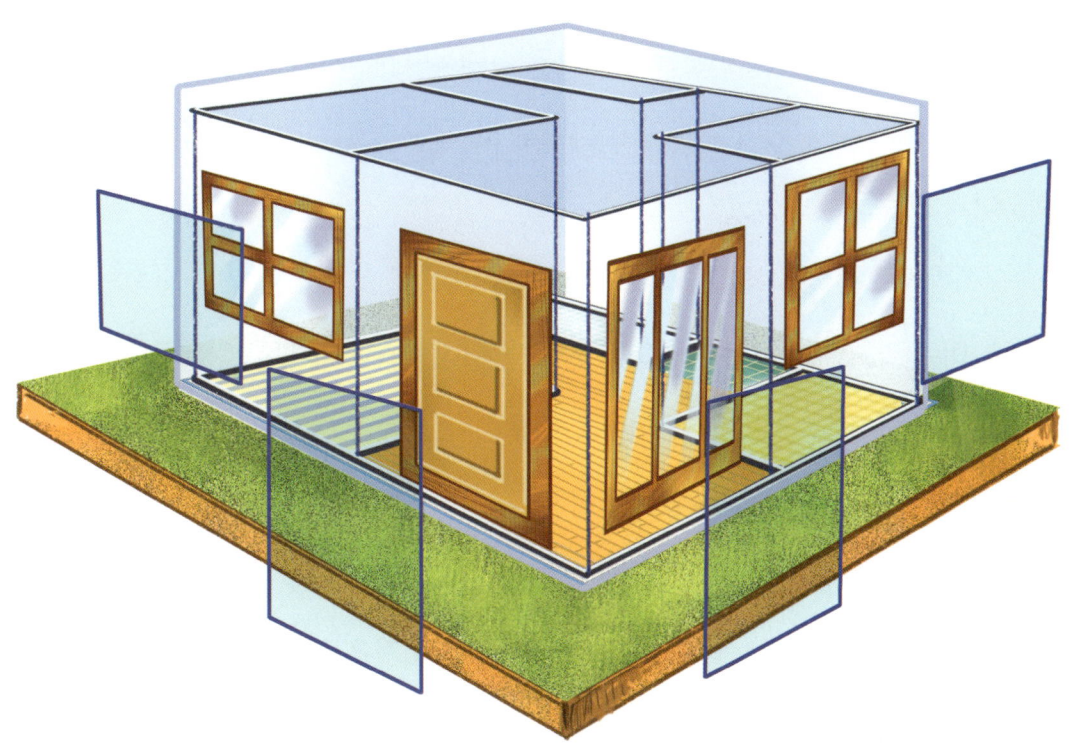

 그 이유는 건축물의 효율성에 있습니다. 평지에 벽체(벽을 이루는 구조 부분)를 세울 때 사각 또는 직각 구조는 튼튼하고 안정적입니다. 더구나 벽돌로 차곡차곡 벽을 세우면 비뚤어졌는지 똑바른지 확인하기에 편리합니다. 경계를 구분하거나 공간을 나눌 때도 사각이나 직선은 원이나 곡선보다 정확히 가를 수 있습니다.

 "여기부터 여기까지는 내 땅이로다."

 사람들은 자기가 머물 공간을 확보할 때 땅에 직선으로 사방을 표시했습니다. 농경 민족은 한곳에 모여 살면서 사각형 형태의 집을 연이어 지었습니다.

서양의 신전을 비롯한 종교적 건물도 네모나게 세워졌습니다. 정사각형이거나 직사각형이라는 차이만 있을 뿐, 모든 문화권에서 대체로 네모나게 건축물을 만들었습니다.

"똑바로 건물을 세우니까 보기에도 깔끔하네."

이런 까닭에 사각형은 땅이나 공간을 상징했습니다. 같은 이유로 여러 나라의 국기에는 네모가 대세를 이뤘습니다. 기호로서 네모는 완전히 둘러싸인 곳이자 소유자가 확보한 공간을 나타냈기 때문입니다.

"사각형은 균형 잡힌 완전체이다."

고대 힌두교에서는 네모를 성스러운 중심의 기초로 생각했습니다. 고대 그리스 인은 네모 모양에 따라 그 의미를 더 미묘하게 구분했습니다. 예컨대 한 변을 밑변으로 하여 서 있는 사각형(□)은 안정을 나타내고, 한 꼭짓점으로 서 있는 사각형(◇)은 운동을 나타내며, 중심에 원이 있는 사각형(⊡)은 세계령(世界靈, 초월적 이미지의 집합체)의 상징으로 여겼습니다.

"밖을 내다보고 싶어."

네모는 건물 벽체에서 또 한 번 힘을 발휘했습니다. 벽에 창문을 낼 때 사각형으로 해야 하중(건물에 작용하는 외부의 힘)을 잘 견딜 수 있는 까닭입니다.

초창기 창문은 불투명한 나무로 만들어 건물 안에서 밖을 보려면 창문을 열어야 했습니다. 그러나 유리의 발명으로 투명한 유리창이 그 자리를 대신하면서 창문을 열지 않고도 바깥을 볼 수 있게 되었습니다.

"안에서도 밖을 보니 정말 좋다. 바깥세상과 연결된 기분이야."

창문은 외부로 통하는 통로처럼 인식되었습니다. 이슬람 건물 특유의 마쉬라비야(창문을 장식하는 격자무늬)는 여성에게 답답한 숨을 터 주는 상징적 공간으로 여겨졌습니다. 자기 모습을 드러내지 않은 채 창문 틈새로 밖을 내다볼 수 있게 한 장식이기에 그렇습니다.

"집을 그려 보렴."

아이들에게 집을 그리라고 하면 네모진 건물 벽에 경사진 지붕, 그리고 네모난 창문을 그리기 일쑤입니다. 이제 네모는 땅보다 창문으로서의 상징성이 더 커졌습니다.

"창문은 다른 세상을 볼 수 있는 통로와도 같아."

그런 상징성을 효과적으로 활용한 기업 로고가 있으니 MS(마이크로소프트)사의 윈도(Windows)입니다.

MS가 1992년 발표한 윈도 3.1은 MS-DOS(개인용 컴퓨터 운영 체제)를 기반으로 한 운영 체제임에도 윈도 소프트웨어 계열로 인정받고 있는데, 그 이유는 그래픽 인터페이스(접속 장치) 운영 환경에 있습니다.

　비록 매킨토시 운영 체제를 모방하기는 했으나, 명령어 입력 방식이 아닌 마우스 클릭 방식이 대단한 변화로 여겨졌기 때문입니다.

　"여러 세상을 한꺼번에 보여 주는 상징으로는 다양한 색깔이 제격이지."

　MS는 윈도 3.1을 출시하면서 네 가지 색 무늬 창문을 로고로 내세웠습니다. 이동하는 듯한 네모 창문은 안에서 밖으로의 혁신적인 변화를 상징합니다.

MS는 2001년 윈도 XP를 출시하면서 로고의 네모 창문의 외곽선을 없애고 물결치는 깃발로 바꿔 탐험과 발견의 의미를 더했습니다.

"고정된 공간의 상징성이 강하다고."

그렇지만 네모는 기본적으로 한정된 공간과 고정된 세계를 의미하는 기호로 쓰이고 있습니다. 네모 안에 LEGO라고 쓰인 장난감 회사 레고의 로고는 나무 벽돌 모양이자 고정된 공간 창조의 상징입니다.

그런가 하면 미국 음악 방송 채널 MTV는 입체감 있는 네모 로고를 이용해 다양한 음악이 담겨 있는 공간임을 알리고 있습니다.

요컨대 네모는 공간을 구분 짓는 영역의 표시이자 특정한 3차원 세계를 가리키는 상징입니다.

세모 이야기 - 브랜드 AIA, 알리안츠, 현대 그룹

"말하지 않고도 다른 사람에게 알릴 방법이 없을까?"

문자의 기원에 대해서는 여러 설이 있으나, 대체로 기원전 3000년쯤, 이라크 유프라테스 강 하류 지역 메소포타미아에서 고대 문명을 이룬 수메르 인에 의해 발명됐다는 것이 정설입니다.

이 시기에 도시 건설 등 커다란 변화가 이루어졌고, 사회 구조가 복잡해지면서 이것저것 기록할 필요성이 생겼기 때문입니다. 관리, 성직자, 상인들을 제외하면 수메르 인 대부분은 목자(牧者) 또는 농부였고, 이들도 가축이 몇 마리인지 기록할 필요성을 느꼈습니다.

"울타리에 양 한 마리, 양 두 마리, 양 세 마리……."

수메르 인은 문자를 생각해 내면서 사람들이 많이 쓰는 상징물을 기호로 나타냈습니다. 예컨대 빈번하게 수를 세야 했던 양은, 처음에는 원 안에 십자를 그어 표현했습니다. 이는 '울타리 안에 있는 동물'이라는 뜻이었습니다.

또한 '산'은 수평선 위에 둥근 반원으로 언덕처럼 그렸으며, '여성'은 역삼각형 안에 점을 찍은 기호로 나타냈습니다. 모두 일종의 상형 문자(그림글)였으니, 여성의 경우 아랫도리를 간략화한 역삼각형 안에 성기를 상징하는 점을 찍은 것이었습니다.

"이것과 이것을 합치면 복합적인 뜻이 되겠군."

  수메르 인은 이후 그림 문자를 여러 개 겹침으로써 표의 문자(뜻글자)를 만들었습니다. 예를 들어 '산'을 나타내는 그림 문자 옆에 '여성'을 상징하는 그림 문자를 겹쳐 놓으면 그것은 '산 너머 지역에서 데려온 여성 노예'를 의미했습니다.

  만약 산을 3개 그리고 여성을 뜻하는 그림 문자 2개를 그렸다면 산을 3개나 넘은 먼 지역에서 데려온 여성 노예 2명을 뜻합니다.

  "삼각형 기호는 어떻게 해서 생긴 걸까?"

  삼각형 기호는 산과 관련 있습니다. 고대 중국에서는 상형 문자를 만들면서 높은 산(山)을 뾰족한 봉우리 3개가 겹쳐진 모양으로 표현했습니다. 이때 정면 산을 높게 하고 양쪽 산을 그보다 낮게 한 삼각형 모양으로 산이 주는 믿음직한 안정감을 나타냈습니다.

"삼각형을 뒤집으면 역삼각형이 되네. 반대 의미로 사용하면 되겠어."

원시 종교에서는 삼각형 기호에 더 많은 상징을 부여했습니다. 구체적으로 정삼각형(△)은 '산, 불, 남성'을 나타내는 데 비해 역삼각형(▽)은 '동굴, 물, 여성'을 나타낸다고 생각했습니다. 고대인은 정삼각형을 통해 '솟음, 상승, 힘'을 떠올렸고, 역삼각형을 통해 '들어감, 내려감, 입구'를 떠올렸던 것입니다.

"황금 만드는 비법을 기호로 적어둬야지."

중세 연금술사들은 제조법을 기록할 때 불은 정삼각형, 물은 역삼각형으로 표기했습니다. 모서리가 위로 향한 정삼각형과 아래로 쏠린 역삼각형이 각기 치솟아 오르는 불꽃과 흘러내리는 물을 연상하게 했기 때문입니다.

"셋은 곧 하나이도다."

또한 기독교에서는 세 변으로 이뤄져 하나가 된 삼각형을 삼위일체를 상징하는 성스러운 기호로 여겼습니다. 기독교의 삼위일체는 '성부, 성자, 성령'이 하나의 하나님 안에 존재한다는 교의입니다. 이는 힌두교의 삼신일체와 불교의 삼보와 서로 통하는 개념입니다. 힌두교의 삼신일체는 브라흐마, 비슈누, 시바 세 신이 하나의 신이라는 것을 의미하고, 불교의 삼보는 '부처님, 부처의 말씀, 부처의 가르침을 실천하는 사람들'을 가리키는 말입니다.

"어느 종교든 간에 셋이 합쳐져야 온전하고 어느 하나도 분리해서 생각할 수 없다는 뜻이구나."

다시 말해 힌두교에서는 창조자 브라마, 유지자 비슈누, 파괴자 시바를 각기 다르면서도 결국은 같은 신으로 여겼습니다. 불교에서는 부처님, 부처의 가르침, 승려 셋을 떨어질 수 없는 하나로 보았습니다. 그러므로 삼위일체, 삼신일체, 삼보는 다양성과 동시에 통일성을 상징한다고 볼 수 있습니다.

고대인은 시각적 에너지의 흐름을 삼각형으로 표현한 셈입니다.

"삼각형은 셋이 서로 팽팽하게 균형을 맞추는 모습이네."

이에 비해 고대 그리스 인은 삼각형을 균형과 조화를 상징하는 3의 상징 기호로 보았습니다. 정삼각형은 팽팽한 둘 사이에서 중심을 잡아 서로 조화를 이루는 안정적인 모양이기 때문입니다.

또 종이에 삼각형을 그리면 하나의 평면이 나타나므로, 삼각형은 평면을 나타내는 가장 단순한 기본 도형이자 숫자 3을 형상화한 기호로 여겨지고 있습니다.

그런가 하면 위아래, 좌우, 앞뒤의 세 방향으로 이루어진 3차원은 현실적 공간을 의미하며, 고대 이집트 인은 삼각형을 건축에 반영하여 피라미드를 건설했습니다.

"변함없는 삼각형 산을 통해 안정감을 나타내야겠어."

이런 역사를 거쳐 오늘날 삼각형은 안정감을 나타내는 기호로 기업에서도 종종 쓰고 있습니다.

미국 AIA(American International Assurance) 생명 보험의 경우 AIA 단어 위에 눈 덮인 산맥을 형상화한 트레이드마크를 사용하고 있습니다. 이는 고객에게 오랫동안 변하지 않으리라는 믿음직한 신뢰감을 주기 위함입니다. 삼각형이 보는 사람에게 안정감을 느끼게 함을 고려한 상징 기호입니다.

독일 알리안츠(Allianz) 생명 보험의 경우 초기에는 독수리를 상징으로 쓰다가 1999년 3개 기둥으로 이뤄진 현재 모습으로 바꿨는데, 이는 독수리를 은유적으로 표현한 것이자 삼각형 형태를 통해 믿음직한 산의 이미지를 빌린 것이라 볼 수 있습니다.

우리나라 현대 그룹도 삼각형을 트레이드마크로 사용하고 있습니다. 그 형태는 황금색 삼각형 앞에 초록색 삼각형이 겹친 모양입니다.

현대 그룹에 따르면, 삼각형은 인류 건축을 대표하는 이집트 피라미드를 상징하고, 황금색과 초록색은 새싹이 자라 녹음이 되듯 영원히 번영함을 의미한다고 합니다. 그렇지만 보통 사람들은 2개의 삼각형을 통해 산을 떠올리며 안정감과 신뢰감을 느낄 가능성이 높습니다. 삼각형은 기본적으로 산과 닮았기에 그렇습니다.

화살표 이야기 - 브랜드 아마존, 페덱스, 데상트

"미국 중앙 정보국(CIA)이 1999년 발행한 보고서에는 한국 지도와 일본 지도에 리앙쿠르 록스(1849년 독도를 발견한 프랑스 선박 이름에서 유래된 지명)란 이름이 없었는데, 2005년 단행본부터는 두 지도에 이 표기가 삽입됐다. 그뿐만 아니라 CIA는 2005년 일본 지도에 이 표기와 함께 화살표(↓)를 넣어 강조하더니 2006년부터는 한국 지도에까지 화살표를 넣어 표시했다."

2009년 사이버 외교 사절단 '반크'가 조사해 발표한 것으로, 미국 CIA가 독도와 관련해 일본의 주장만 반영했음을 알려 주는 내용입니다. 우리 정부의 적절한 대책이 필요한 상황입니다.

그런데 일단 여기서 얘기하고자 하는 것은 '화살표'입니다.

"화살표는 언제부터 사용됐을까?"

화살표는 문장에 쓰는 부호의 하나로 →, ←, ↑, ↓ 등의 인쇄상 이름입니다. 특히 방향을 나타낼 때 쓰며, 두 가지 사물에서 유래되었습니다.

화살표의 상징은 손가락 또는 손가락질과 관계가 깊습니다. '손가락질'이란 손가락으로 가리키는 짓을 뜻합니다. 얕보거나 흉보는 짓을 의미하기도 하고, 잔뜩 화난 사람이 하는 손가락질은 상대를 위협하거나 경고하는 표현으로 통합니다.

"네 손가락을 접고 검지만 펴니 마치 권총을 쏘는 것 같네."

대부분의 문화권에서 사람들은 자신을 향한 손가락질을 기분 나쁘고 꺼림칙하게 생각합니다. 예를 들면 왕실을 굉장히 숭배하는 타이(태국)에서는 왕과 왕비의 사진을 보고 손가락질하는 행위를 금기로 여깁니다. 왜냐하면 동서양을 막론하고 사람들은 손가락이 향하는 곳으로 악귀들이 관심을 두고 해를 끼친다고 믿었기 때문입니다.

"저것 좀 봐!"

사람들이 뭔가를 향해 손가락질하면 악귀는 그곳을 쳐다보게 된다고 생각했습니다. 그러면 악귀는 그 대상에게 심술을 부려 괴롭힐 것이라고 상상했지요. 그러므로 누군가를 향한 손가락질은 저주의 방향을 알려 주는 불행한 신호나 다름없었습니다. 예나 지금이나 자신을 향한 손가락질을 싫어하는 이유가 여기에 있습니다.

"이게 뭘 그린 걸까?"

시각적 그림으로는 구석기 시대 원시인이 프랑스 라스코 동굴 벽화에 남긴 화살표가 최초입니다. 라스코 동굴 벽화에는 각종 동물과 함께 의미를 알 수 없는 X, → 따위 여러 기호가 그려져 있는데, → 기호는 미늘(가시처럼 만든 작은 갈고리) 달린 창을 간략화한 것으로 짐작됩니다. 현재 화살표 기호와 비교해 보면 좀 엉성하긴 하지만 인류는 1만 7000년 전부터 → 기호를 사용한 셈입니다.

"저기를 향해 쏴!"

화살표 기호의 또 다른 유래는 화살입니다. 구석기 시대 인류는 부싯돌을 긴 막대기 끝에 매달아 사냥 무기로 사용했는데, 그 모양을 단순하게 한 것이 화살표입니다.

청동기 시대에 화살은 더욱 뾰족하고 날카롭게 다듬어져, 목표한 방향으로 더욱 정확하게 날려 보낼 수 있었습니다. 이와 더불어 화살표는 자연스럽게 방향을 나타내는 기호로 쓰였습니다.

"화살표 끝이 곧 화살이 날아가는 방향이구나!"

정리하면, 화살표는 집게손가락이나 화살을 간단히 나타낸 기호입니다. 그러하기에 중세 유럽 그림에서 동방 박사는 손가락으로 그리스도의 탄생을 알리는 별을 가리켰으며, 많은 기록물에서 익숙한 기호로 화살표를 사용했습니다. 예를 들면 점성술에서는 별자리의 궁수자리를 나타낼 때 화살 모양의 화살 기호로 표시했습니다.

"표시대로 가시오."

오늘날에는 방향성을 강조하고자 할 때 위아래로 넣기도 합니다. 교통 신호에서는 특정 방향으로의 자동차 진행을 알릴 때 녹색 화살표로 진행 방향별 통행권을 부여하고 있습니다.

"화살표를 보면 막 날아가는 것처럼 보여."

화살은 사람이 뛰어가는 것보다 빨리 날아갑니다. 그래서 화살표는 빠른 속도를 상징하는 기호로 널리 쓰이며, 여러 기업에서 그 점을 활용하고 있습니다.

"우리는 뭐든 판매하며 고객에게 만족을 드립니다."

세계 최대 인터넷 서점 '아마존닷컴(amazon.com)'은 회사명 아래에 노란색 화살표를 그려 넣은 로고를 사용합니다. 여기에는 두 가지 의미가 담겨 있습니다.

알파벳 A에서 시작해 Z까지 향하고 있는 화살표는 모든 상품을 판매하고 있음을 나타냅니다. 또한 미소 띤 입 모양처럼 약간 휘어진 노란색 화살 모양은 고객이 흐뭇하게 만족하도록 노력하겠다는 뜻입니다. 화살표의 방향성을 재치 있게 응용한 사례라고 할 수 있습니다.

"우리는 빠르고 정확하게 배송합니다."

미국 물류 업체 페덱스(FedEx)의 로고도 간단하면서도 직접적으로 기업 특성을 잘 나타내고 있습니다.

페덱스 로고에서 대문자 E와 소문자 x 사이의 빈 곳은 오른쪽의 화살표 모양으로 속도와 정확성을 의미합니다. 빠르게 전달한다는 메시지를 절묘하게 표현했습니다.

"아래로 향한 화살표는 확 떨어지는 듯한 느낌을 주네."

아래로 향한 화살표는 매우 빠른 속도감을 느끼게 합니다. 일본 스포츠 브랜드 데상트(DESCENTE)는 그 점에 주목하여 아래로 향한 세 갈래 화살표를 트레이드마크로 사용하고 있습니다. descent는 '하강', '강하'라는 뜻인데, 그에 어울리게끔 스키 선수가 도약대에서 아래로 빠르게 내려가는 듯한 화살표를 도안한 것입니다.

요컨대 화살표는 목표를 향한 속도감을 연상시키며, 나아가야 할 방향을 알려 줍니다. 이러한 화살표의 방향 제시는 진취성으로 연결되므로 오늘날 여러 방면에서 활용되고 있습니다.

번개 기호 이야기 - 브랜드 오펠, 선더볼트

"세상이 어떻게 생겼는가 하면……."

세계 각국에는 창세 신화(우주나 세계가 창조되는 과정에 관한 신화)가 전해 오는데, 묘하게도 서로 공통점이 있습니다. 그것은 태초에 번개와 천둥이 치자 천지가 갈라지면서 하늘과 땅이 생겼다는 것입니다.

"번쩍, 우르릉 쾅! 쩍!"

중국 신화에서는 거인이 하늘을 들어 올리자 번개가 일어나면서 붙어 있던 천지가 쩍 갈라졌다고 합니다.

"내 무기는 번개이니라!"

게르만 신화의 으뜸 신 토르는 쇠망치로 벼락을 내리쳐서 상대를 응징했습니다. 그리스 신화의 제우스도 번개의 신으로서 모든 것을 번개로 응징했습니다.

"번개가 하늘과 땅을 분리해 세상을 만들기도 하고, 파멸의 무기로도 쓰였구나."

그렇습니다. 고대인에게 있어서 번개는 파멸과 동시에 새로운 시작을 의미했습니다. 무언가가 없어지면 그곳에서 새로운 무엇인가가 생겨나는 까닭입니다.

그런데 번개를 지그재그 기호로 나타낸 이유는 무엇일까요?

"우르릉 쾅쾅!"

오래전부터 사람들은 벼락이 내리치면 두려움에 떨었습니다. 컴컴한 소나기구름 사이로 번쩍이는 번개는 사람들의 시야를 가렸고, 엄청난 천둥소리는 귀에 큰 충격을 주었지요. 또한 번개는 하늘에서 신이 내던지는 불화살이요, 천둥은 신이 큰 북을 쳐서 내는 소리로 생각했습니다.

"번개가 생기는 과학적 이유는 뭘까?"

번개는 구름과 구름(또는 대지) 사이에서 일어나는 불꽃 방전(충전된 전지로부터 전류가 흐름) 현상입니다. 다시 말해 공중에서 서로 반대되는 전기를 띤 입자들이 부딪쳐서 순간적으로 일어나는 큰 방전이 번개입니다.

일반적으로 번개는 소나기구름에서 일어나고 천둥을 동반합니다.

번개 중에서 땅으로 떨어지는 번개가 벼락입니다.

하늘에서 내리치는 번개의 전압은 1~10억 볼트이며, 번개 하나의 전기 에너지는 100와트 전구 10만 개를 1시간가량 켤 수 있을 정도로 막대합니다. 따라서 벼락을 맞은 물체는 불에 타거나 파괴되므로, 사람들은 번개를 두려워합니다.

"어떤 때 번개가 생길까?"

번개는 소나기구름의 아래쪽에 모인 음전하가 땅에 있는 양전하로 이동하면서 생깁니다. 공기는 본래 절연체(전류 흐름을 막는 물체)이지만, 높은 전압에 걸리면 이온화해서 전류가 흐르게 됩니다.

"아하, 음전하가 양전하를 찾아서 내려가는 게 번개구나!"

이때 공기 중에는 이온화한 곳도 있고 그렇지 않은 부분도 있습니다. 그러하기에 번개는 전류가 잘 흐르는 곳을 찾아 하늘에서 땅으로 내려갑니다. 즉 저항이 가장 적은 곳으로 전기가 흐르는 것입니다. 번개가 지그재그 형태로 표현된 이유가 여기에 있습니다.

"번개는 반드시 지그재그로 내려갈까?"

번개라고 해서 반드시 지그재그로 내리치지는 않습니다. 공기 저항이 별로 없다면 일직선으로 내리치고, 공기 저항이 심하다면 여러 형태로 꺾어집니다. 그렇지만 기호로 만들 때는 단순하게 해야 하므로 지그재그 모양으로 그리곤 했습니다.

"저건 강물, 저건 번개 표시처럼 보이네."

예를 들면 페루 남부 해안의 오래된 유적지에는 불가사의한 다양한 그림이 평평한 땅에 돌과 선으로 이뤄져 있는데, 그중에는 지그재그 모양의 번개와 강물도 있습니다. 약 2000년 전에 살았던 사람들도 번개를 지그재그로 본 것입니다.

"사람 몸에 번개무늬가 있다면……."

자연 현상 속 번개는 두려운 대상이지만 전설 속 번개는 특별한 능력이나 신호로 여겨졌습니다. 그래서 영국 작가 조앤 롤링은 1990년 맨체스터에서 런던으로 돌아오는 기차 안에서 스코틀랜드 전설에 착안하여 '이마에 번개 자국이 있는 소년 이야기'를 구상했습니다.

그리고 그걸 바탕으로 1995년에 소설 《해리 포터》를 완성했습니다. 이때 롤링은 해리 포터 이마에 있는 번개무늬를 통해 소설 속 해리가 특별한 능력을 지닌 선택받은 자임을 나타냈습니다.

"번개가 1초당 10만 킬로미터나 간다고? 엄청 빠르네!"

번개는 강하고 빠릅니다. 그 점에 주목하여 독일 자동차 회사 아담 오펠(Adam Opel)은 1930년부터 동그라미 안에 가로로 그려 넣은 번개무늬를 트레이드마크로 사용해 오고 있습니다. 여기에서 동그라미는 바퀴 또는 영원을 나타내고, 가로로 된 번개는 매우 빠른 속도로 달리는 차임을 상징합니다.

"빠르다! 정확하다!"

미국의 인텔과 애플은 2011년 6월, 초고속 대용량 포트 기술을 선보이면서 '선더볼트(ThunderBolt)'라고 명명했습니다. 동시에 위에서 아래로 향한 화살표 모양의 번개 기호를 등록 상표로 선보였습니다.

번개처럼 빠르고 강력하며 화살처럼 정확하게 이동하는 전송 기술임을 이름과 기호로 강조한 것입니다. 데이터 전송 속도 10Gbps(bps는 초동 비트 수 : 송수신되는 데이터 속도 측정 단위)로, USB 3.0보다 2배 빠르고 USB 2.0보다 20배 이상 빠르다 하니 그런 자부심을 가질 만합니다.

"번개는 강하고 빠르다!"

이 밖에도 번개를 이름이나 기호로 사용하여 빠르고 강함을 나타낸 사례는 수없이 많습니다. 다만 예전에는 강한 공격성에 비중이 더 높았다면 최근 들어서는 빠른 속도에 더 많은 비중이 있다는 차이만 있을 뿐입니다.

♪♫ 음표와 악보 이야기
- 브랜드 피아니시모, 마세라티, 뱅앤올룹슨

"당신을 간첩 혐의로 긴급 체포하오."

1917년 봄, 프랑스 경찰이 암호명 H21로 불린 마타 하리를 붙잡았습니다. H21은 간첩 행위를 완강히 부인했으나, 소지품 중 불규칙한 음표로 표기된 악보 때문에 간첩임이 들통났습니다. H21은 각각의 음표에 알파벳을 대응시켜 문장을 작성한 암호입니다. 그런 악보가 암호인지 어떻게 알았을까요?

"뭐야 완전히 엉터리잖아."

그렇게 작성한 악보는 전혀 음악이 되지 않았습니다. 음표에 대한 상식만 있으면 바로 알아볼 정도였습니다. 그런데 오선지에 표기되는 음표나 악보 기호는 언제부터 사용했을까요?

"소리나 노래를 기록할 방법이 없을까?"

음표는 악보에서 음의 장단과 높낮이를 나타내는 기호입니다. 악보는 음악의 곡조를 일정한 기호를 써서 기록한 것을 뜻합니다. 요컨대 음표와 악보는 소리나 노래를 기록하기 위해 만든 기호입니다.

"음표는 언제 시작됐을까?"

음표와 악보의 역사는 제법 오래되었습니다. 기원전 3000년쯤 바빌론 지방의 아시리아 인은 장례식 때 연주한 선율을 특정한 기호로 기록했던 것으로 전해집니다. 하지만 지금까지 전하는 실제 유물은 없습니다.

또 고대 그리스 인은 물로 움직이는 오르간 파이프를 만들었으며, 음악을 기록하기 위해 독특한 기호도 발명했으나 당시에는 음의 높낮이만 표시했습니다.

"찬송가를 부를 때 여기를 강조하는 게 좋겠습니다."

오선지와 악보는 중세 기독교 성직자들이 차츰 보완해 가며 생각해 냈습니다. 중세 성악 작곡가들은 '네우마'라 하여 긴 선을 1~2줄 그어 음높이를 구분하고 가사 위에 악센트 기호를 붙였습니다.

"각각의 음에 이름을 붙여야겠어."

10세기에 활약한 이탈리아 신부 구이도 다레초(992~1050)는 성가 가사의 첫음절들을 따서 각각의 음에 이름을 붙였습니다. 다레초는 음절 '우도, 레, 미, 파, 솔, 라'를 표시하기 위해 4선 악보를 만들었습니다.

"좀 더 체계적인 표시가 필요해."

현재와 같은 '도·레·미·파·솔·라·시'라는 계이름은 16세기 이탈리아 음악가 지노(Gino)가 만들었습니다. 음계마다 이름을 붙일 필요성을 느꼈기 때문입니다. 당시 그는 〈성 요한 찬가〉라는 노래에서 '미'라는 음정에 해당하는 노랫말을 찾아보니 우연히 '미(mi)'라는 단어가 있고, '파' 음정에는 '파'가 있기에 이를 차례대로 모아 도·레·미·파·솔·라·시'로 이름

붙였습니다.

'도'의 경우에는 처음에는 '투'로 사용했으나, '투'가 억센 파열음이어서 말소리 느낌이 적당하지 않다고 판단한 뒤, '도'로 바꿨습니다.

"소리의 높이뿐만 아니라 길이도 표시할 방법을 찾아보자."

소리의 길이를 나타낸 본격적 음표는 13세기 후반에 생겼습니다. 초창기 음표는 지금과 매우 달랐습니다. 17세기 이탈리아 음악가들이 오선기보법과 4분음표(♩), 8분음표(♪) 등을 만들었습니다. 다섯줄 오선지와 여러 음표는 17세기부터 사용되었습니다.

"이런 노래는 어때?"

표준적 음표와 오선지가 널리 퍼지면서 다양한 음악이 빠르게 대중화되었습니다. 작곡가라는 전문 직업도 생겼습니다.

모차르트(1756~1791)는 유럽 최초의 독립된 직업 음악가로 이름을 남겼고, 뒤이어 많은 직업 음악가가 등장했습니다. 음표의 표준화가 새로운 유행을 만든 셈입니다.

"음표를 보니 노래가 새소리처럼 높고 맑겠어."

인류가 오랜 세월 고심해서 만들어낸 소리 기호, 음표는 곧바로 사람들 머리에 깊이 각인되면서 음악을 상상하게 했습니다. 옛날에는 소리를 어떻게 기록할까 고민했지만, 이제는 기호를 보며 노래를 연상하게 된 것입니다.

"감미로운 맛을 음표로 표현해 볼까."

20세기에 설립된 이탈리아 포도주 회사 마리오 가리발디가 탄산이 함유된 스파클링 와인(거품 나는 포도주)을 선보이면서 '피아니시모(Pianissimo)'라는 브랜드를 붙인 이유도 여기에 있습니다. '매우 여리게'를 뜻하는 셈여림표 음표를 보고 포도주를 마시며 감미롭고 부드러운 피아노 선율 같은 맛을 느끼라는 것입니다.

"음표를 보면 소리가 떠올라."

음표가 시각적 음악 자극이라면, 음악은 귀를 통해 세뇌하는 직접적 자극이라 말할 수 있습니다. 소비자 감성을 중요시하는 기업에서는 그 점에 착안하여 자신들만의 음표를 음악으로 만들어 소비자 귀를 자극하고 있습니다.

"부웅 붕~"

예컨대 이탈리아 스포츠 자동차 브랜드 마세라티(Maserati)는 웅장한 엔진 배기음으로 유명한데, 그 소리는 피아니스트와 작곡가 그리고 튜닝 전문가가 자문 위원으로 참여하여 만든 엔진 소리 결과물입니다.

"소리가 완전 예술이야!"

그런가 하면 덴마크의 고급 오디오 브랜드 뱅앤올룹슨(Bang & Olufsen)은 2008년 베오컴 2 무선 전화기를 개발하면서 알루미늄 깡통이 떨어지는 소리를 음표와 결합해 독특한 소리를 만들었습니다. 그들은 그 벨 소리를 '아름다운 선율'이라고 표현했습니다.

오늘날 음표는 악보 기호를 넘어서서 운율적 낭만의 상징적 기호로 여겨지고 있습니다.

물음표 이야기 - 브랜드 게스, MBC 무한도전

"인간이 앉아 허리를 구부리고 무언가를 생각하는 데서 생겨난 기호라고 하네요. 윗부분이 머리 모양인 것은 더욱 생각이 필요하고 의문스럽다는 말이겠죠."

"프랑스 조각가 로댕의 조각상 〈생각하는 사람〉을 흉내 내서 만들었다고 합니다."

"윗부분은 머리 모양이고, 밑에 있는 점은 만년필 펜촉을 누르면서 생긴 것입니다. 글을 쓸 때 잠시 생각하는 동안 만년필 모세관이 뚫리게 되고 자연스럽게 잉크가 나오면서 생긴 표시가 마침표라고 하더군요. 이런 여러 원인이 형식화되고 습관화되면서 후천적으로 물음표가 마치 물음의 그림처럼 느껴지기도 합니다."

이런 인용문들은 물음표의 어원에 대해 인터넷에 떠도는 말들입니다. 오류가 마치 사실인 듯 답변으로 채택되면서 퍼져나가니 참으로 안타깝습니다. 그렇다면 물음표(?)는 어디에서 유래됐을까요?

"이건 못 보던 기호인데, 무슨 뜻일까?"

물음표는 서양에서 만든 부호입니다. 현재와 같은 형태는 본래 '~을 찾는'이란 뜻의 라틴 어 'quaestio(퀘스티오)'에서 비롯됐습니다.

"어떻게 써야 그 뜻을 제대로 전달할 수 있을까?"

중세 유럽 수도원 신학자들은 성경을 연구하면서 문장 속 깊은 의미를 전하려 애썼지만 쉽지 않았습니다. 문장이 어려우면 신자들로부터 종종 질문을 받았습니다. 신자의 질문은 곧 신학자의 문제가 됐습니다.

"그게 무슨 의미인가 하면……."

이에 연유하여 quaestio란 말은 '질문', '의문', '물음', '문제'라는 뜻으로 통했습니다. 그리고 질문이 있을 때마다 문장 끝에 quaestio를 쓰자니 매우 번거로웠습니다. 하여 quaestio의 머리글자를 대문자 Q로 쓰고 이어 꼬리 글자 o를 붙여 간략하게 표기했습니다. 그러다가 아예 Q자 아래에 o자를 붙여 하나의 글자로 썼고, 마침내 ? 모양으로 바꾸어 썼습니다.

그런가 하면 고대 그리스 학자들이 의문 부호로 사용한 세미콜론(;)의 위아래를 뒤바꿔서 물음표 모양을 만들었다는 학설도 있습니다.

"가만 이 문장은 의문을 담은 것이구나."

우리나라는 물음표 기호를 20세기부터 사용했습니다. 1914년 10월 창간한 잡지 〈청춘〉에 보면 어느 기인을 설명한 본문에서 "웬 사람이니?", "…망하여도?" 따위 의문문에 물음표를 썼습니다.

"어라, 이건 명령문인데도 물음표가 있네."

그렇지만 이때만 해도 ?는 의문문 기호로만 쓰이진 않았습니다. 같은 잡지의 내용 중에 "…되느니라?", "들어오너라?"처럼 느낌표가 어울릴 문장에도 물음표 기호를 썼습니다. 1919년 2월 창간한 잡지 〈창조〉에서도 ?는 '멈출 수가 있으랴?'처럼 감탄문과 '무엇이란 말이냐?'처럼 의문문 모두에 사용됐습니다.

"물음표 기호는 의문이나 질문에만 쓰는 게 바람직해."

이렇듯 ?는 1910년대에 감탄문과 의문문 양쪽에 쓰이다가 점차 의문문에 국한된 기호로 자리매김했습니다. 1920년 7월 창간한 잡지 〈폐허〉에서는 의문문에 ? 기호를 쓰기도 하고 생략하기도 했습니다.

"문장 부호의 원칙을 분명히 정하는 게 좋겠습니다."

1933년에는 조선어 학회가 〈한글 맞춤법 통일안〉을 만들었을 때 문장에서 쓰이는 중요한 부호 16종에 물음표를 처음으로 포함했습니다. 이 때 "? 의문을 나타낼 적에 그 말 다음에 쓴다."라고 설명했는데, 그 원칙은 지금도 적용되고 있습니다.

"정말이야?"

"겨우 그 정도야?"

오늘날 물음표는 의심·의문을 나타내거나 빈정거림·비웃음을 표시하는 기호로 쓰이지만, 상징적 의미는 그것보다 넓습니다. 호기심이나 상상력을 표현할 때 그만한 기호가 없는 까닭입니다.

"뭔가 궁금한 내용이 있는가 보네."

사람들은 물음표를 보면 '뭐지?' 하는 궁금증을 갖기 때문에 회사나 상품을 홍보하려는 기업들은 종종 물음표 부호를 사용합니다.

예컨대 MBC 예능 프로그램인 〈무한도전〉은 눈을 찍고 왕관을 씌운 물음표를 로고로 사용하여 시청자의 궁금증을 자극하고 있습니다. 또한 주로 신제품에 사용되는 티저 광고는 처음에 ?만 나타내어 호기심을 유발한 다음 점차 상품을 노출해 구매 의욕을 불러일으키곤 합니다.

"왜 물음표를 상표로 썼지?"

미국의 의류 회사이자 브랜드인 게스(GUESS)는 역삼각형 안에 GUESS라 쓰고 빨강 물음표 기호를 붙인 트레이드마크를 내세우며 소비자 시선을 사로잡고 있습니다. '추측하다', '상상하다'라는 뜻을 가진 영어 guess에 물음표를 더해 신비스럽고 재미있는 상상력을 표현하면서 동시에 '나는 누구?'라는 정체성을 더불어 자극합니다.

"이 불편함을 고치는 방법이 없을까?"

"그곳에는 뭐가 있을까?"

이 밖에 세상을 바꾼 수많은 아이디어가 대부분 작은 물음에서 시작됐습니다. 그래서 물음표는 두뇌를 자극하거나 추리, 탐험을 나타내는 기호로도 널리 쓰이고 있습니다.

느낌표 이야기 - 브랜드 벅스, 라코스테 라이브

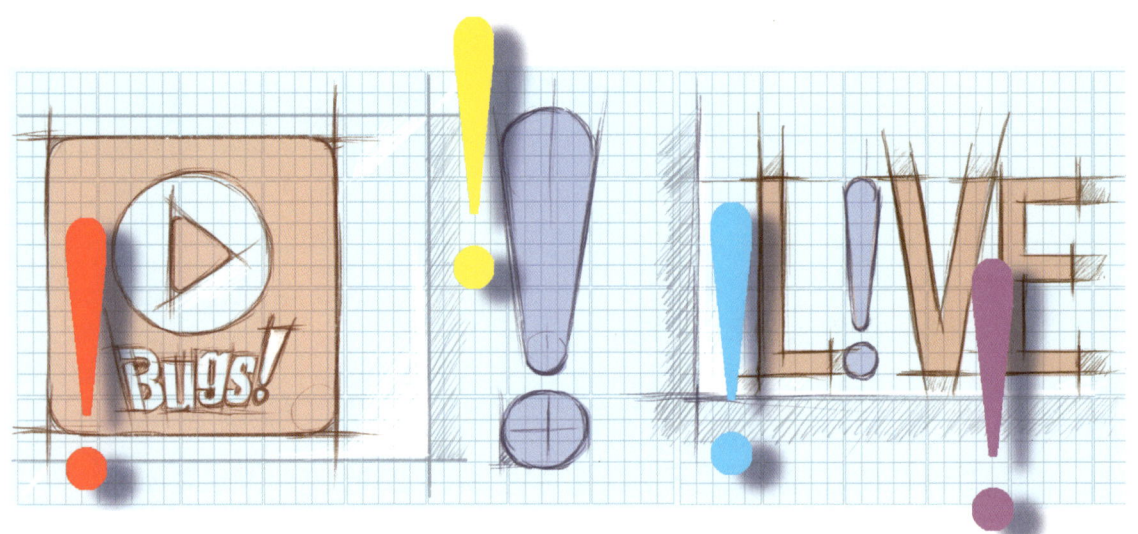

"드디어 희곡을 완성했다!"

프랑스 작가 빅토르 위고(1802~1885)는 처음에는 희곡으로 명성을 얻었고, 1831년에는 장편 소설 《노트르담 드 파리》로 더욱 유명해졌습니다. 위고는 극작가이자 소설가로 명성을 떨쳤지만, 많은 시간을 시 쓰는 데 썼습니다. 정치에도 관심이 많아 활발히 활동하다가 나폴레옹 집권 뒤 나라 밖으로 쫓겨나 19년 동안 망명 생활을 했습니다.

"어떻게든 이 소설을 완성해야지."

이렇듯 바쁘게 살아간 위고는 틈틈이 10권에 이르는 장편 소설《레 미제라블》을 썼고, 마침내 1862년 출판업자에게 원고를 보냈습니다. 책이 출간되자, 위고는 출판사 사장에게 세상에서 가장 짧은 내용의 편지 한 통을 보냈습니다.

'?'

독자들 반응에 대한 궁금증을 물음표 하나로 표현한 것입니다. 이에 출판사 사장은 마찬가지로 기호 하나만 찍어서 답장을 보냈습니다.

'!'

느낌표 하나뿐인 답장을 보고 위고는 매우 기뻐했습니다. 이때의 느낌표는 작품이 감동적이라는 뜻도 되고, 깜짝 놀랄 만큼 반응이 좋다는 의미도 되는 까닭입니다.

"장 발장 이야기는 감동적이야!"

실제로 장 발장을 주인공으로 한 《레 미제라블》은 수많은 독자에게 감동을 주면서 큰 인기를 끌었고, 다른 나라에도 번역되어 출간됐습니다.

그런데 느낌표는 어떤 유래를 가진 기호일까요?

느낌표는 '기쁜 탄성'의 뜻으로 사용한 라틴 어 감탄사(또는 의성어) io(이오)에서 유래했습니다. 감탄할 때 외치는 소리 '이오'·'오'·'와우' 따위를 나타낸 라틴 어 'io'를 변형시켜 세로로 된 하나의 기호로 만든 것입니다. 영어로는 'exclamation mark(엑스클러메이션 마크)'라고 말하는데 '감탄(또는 외침) 기호'라는 뜻입니다.

"이 기호 참 인상적이네."

느낌표는 라틴 어에서 Ø 형태로 쓰이다가 영어에 들어와 !로 바뀌었습니다. 현재와 같은 형태의 ! 기호는 15세기 영문 서적에서 처음 사용됐습니다.

독일에서는 1797년 종교 개혁자 마르틴 루터가 쓴 성경에 처음 등장했습니다. 앞에서 위고가 출판사와 편지를 주고받은 게 1862년이니 그때쯤 유럽에서 느낌표가 널리 쓰였음을 짐작할 수 있습니다.

"우리나라에서는 언제부터 느낌표를 썼을까?"

우리나라는 1907년 백악춘사 장응진이 지은 《월하의 자백》에서 "아아! 내 세상은 진실로 눈물이 많았도다!!"라는 감탄문에 느낌표가 쓰였습니다. 1914년 10월 발행된 잡지 〈청춘〉의 시계점 광고에서도 다음과 같이 느낌표가 사용됐습니다.

"다만 있는 곳은 우리 우조당이 있을 뿐이올시다!!"

그런가 하면 잡지 본문의 경우 독후감이나 비평을 해 달라는 공지에서 '여러분!!'이라고 느낌표를 두 번 표기하기도 했습니다. 잡지 속 전기에서 웃음(허허허허!)이나 단호한 어조(-아니하오!, 알았다!)를 나타낼 때 느낌표를 하나 표기했습니다.

"느낌표가 뭔지 명확히 설명해줘야겠습니다."

조선어 학회가 만든 〈한글 맞춤법 통일안〉의 중요 부호 16종에도 느낌표가 포함되어 있습니다.

"! 감탄을 나타낼 적에 그 말 다음에 쓴다."

오늘날 느낌표는 마침표의 하나로 여겨지는 기호입니다. 감탄이나 놀람 또는 부르짖음이나 명령 등 강한 느낌을 나타낼 때 씁니다. 또 느낌을 강조하고자 느낌표 2~3개 연달아 찍기도 합니다.

"깨달음을 주자!"

이런 까닭에 느낌표는 가슴에 울림이나 깨달음을 주는 기호로 통합니다. 2001년부터 2007년까지 공익성과 오락성을 겸비해 화제를 낳았던 MBC 프로그램 〈느낌표〉는 빨간색 느낌표를 트레이드마크로 사용했습니다. 시청자에게 감동과 즐거움을 동시에 안겨 주려는 목표를 그렇게 표현했습니다.

비슷한 맥락에서 음원 서비스

브랜드 벅스는 2009년 새로운 로고를 발표했을 때, 로고 속 느낌표에 대해서 '짜릿한 즐거움을 역동적으로 전달하는 이미지'라고 설명했습니다.

"느낌표는 뭔가 울림이 있어."

사실상 느낌표는 감성을 상징하는 기호나 다름없습니다. 냉철한 이성은 잘 움직이지 않지만, 뭉클한 감성은 울림과 밀접한 관련이 있기 때문입니다.

그런 특성을 고려하여 의류 브랜드 라코스테는 2011년 '라코스테 라이브'를 선보이면서 빨간 악어와 느낌표 기호를 로고로 사용했습니다.

라코스테에 따르면, 이 로고에는 젊은이에게 도시 감성과 음악성, 그리고 문화적 요소들을 자극하겠다는 의도가 담겨 있다고 합니다.

"와, 대박이다!"

"이것이 당신에게 작은 울림이 되면 좋겠어요!"

"정말 아름다워! 환상적이야!"

요컨대 느낌표는 기쁜 탄성을 나타내는 기호로 출발해서 '순간적 가슴 울림'을 거쳐 '감수성'이나 '감성'을 상징하는 기호로 쓰이고 있습니다.

십자가 기호 이야기 - 브랜드 바이엘

"성부와 성자와 성령의 이름으로 아멘!"

가톨릭 신자들은 종종 성호를 긋습니다. '성호'란 거룩한 표라는 뜻으로, 신자가 손으로 가슴에 긋는 십자가를 이르는 말입니다. 일반적으로 자신이나 다른 사람들을 축복할 때, 어려움에 빠져서 신에게 의지할 때 성호를 긋습니다.

그런데 왜 성호는 십자가 모양일까요?

"뭔가 상징적 표현이 있으면 더욱 좋겠군."

성호는 기독교가 유럽 사회에 뿌리내리기 시작한 2세기부터 행해졌습니다. 서기 3세기 기독교 신학자이자 카르타고의 주교였던 키프리아누스는 성호를 다음과 같이 설명했습니다.

"그리스도가 인간을 대신하여 십자가 위에서 희생하신 정신을 기리는 의식입니다."

이후 기독교에서는 어려운 일이 닥치거나 위험할 때, 기도를 시작할 때와 마칠 때 성호를 그었습니다. 또한 밖에서 집 안으로 들어왔거나 음식을 먹을 때, 목욕하거나 잠잘 때도, 심지어 악마나 재앙을 쫓아내려 할 때도 성호를 그었습니다.

"신이여, 감사합니다."

"신이시여, 도와주소서!"

요컨대 성호는 십자가를 손으로 그린 기호입니다. 그렇다면 기독교에서 십자가는 무슨 의미를 지니고 있을까요?

† 기호는 기독교가 생기기 이전의 인류 문명 초기부터 있었습니다. 그 무렵의 십자가 기호는 네 군데 방향이나 사계절, 사방으로 뻗치는 빛을 상징했습니다. 그러다가 죄인을 기둥에 묶고 창으로 찔러 죽이거나 채찍으로 때리는 형벌 도구로도 사용됐습니다. 예컨대 십자가는 고대 페니키아에서 반란을 일으킨 노예에게 시행했던 형틀이었으며 지중해 연안 국가에 퍼졌습니다.

"저놈의 양팔을 벌려 묶고, 두 다리를 모아 묶어라!"

고대 로마 시대의 경우 ×형, T형, †형 세 가지 십자가를 죄수 형틀로 사용했습니다. 로마 총독은 그중에서 십자 모양 형틀에 예수를 묶어 처형했습니다. 이 일을 계기로 † 기호는 기독교에서 서서히 고난을 상징했습니다.

"십자 모양을 보면 예수님이 떠올라."

"나는 아니야. 태양의 햇살이 연상돼."

하지만 이때까지만 해도 결코 예수 그리스도의 상징은 아니었습니다. 그보다는 고대 여러 문화권에서 태양신을 상징하는 기호로 여겨졌습니다. 햇살을 표현한 무늬였기 때문입니다. 그래서 십자 기호를 이교도의 상징으로 생각해서, 기독교 미술에서도 6세기까지는 그 표현이 금기시되었습니다.

"그리스도의 희생을 생각하며 살아야 하지 않을까."

십자 기호를 그리스도의 상징으로 정착시킨 사람은 교황 우르바누스 2세입니다. 그는 11세기 말엽 십자군 원정을 앞두고 붉은 십자 표장을 십자군 상징으로 삼자고 제창했습니다. 이에 따라 십자군은 수도원에 꽂혀 있던 십자 깃발을 뽑아 높이 들고 전쟁터로 나갔습니다. 특히 성 요한 기사단은 방패에 십자 기호를 그려 넣어 십자가의 상징성 강화에 크게 한몫했습니다.

"화살을 막고자 투구를 깊숙이 내려쓰면 서로 얼굴을 알아볼 수 없으니, 아군의 붉은색 방패에 흰색 십자 기호를 그리시오!"

전쟁이 끝난 뒤 십자군 원정대는 흩어져 각자의 나라로 돌아갔습니다. 그리고 십자 기호는 영국, 스위스, 그리스 등 유럽 여러 나라 국기에 반영되어 확실한 종교적 상징성을 지니게 되었습니다. '신의 보호를 받는 나라'라는 의미에서 십자가를 국기에 넣은 것입니다.

"우리도 신의 가호를 받읍시다."

기독교 문화권인 유럽 대부분 국가 국기에 십자 기호가 들어간 이유가 여기에 있습니다. 이와 더불어 십자 기호는 '구원의 은총'을 확실히 상징하게 되었습니다.

"주님이 우리를 돌보아 주시리라."

이처럼 십자 기호는 시간이 흐르면서 사실상 희생보다 은총의 상징으로 통용되었습니다. 그렇다 보니 기독교권 국가 기업들은 십자 기호를 적극 사용했습니다.

"주님이 우리 회사의 발전을 도와주실 거야."

대표적 사례가 독일 기업 바이엘(Bayer)의 트레이드마크입니다. 바이엘은 19세기 말엽 버드나무에서 발견한 물질로 해열 진통 효과가 있는 아스피린을 발매하면서 상표를 확 바꾸었습니다. 1863년 화학 염료 회사로 출범한 바이엘은 그때까지 사자가 지구를 한 발로 누르고 있는 모습을 상표로 사용하고 있었기 때문입니다.

"제약 회사 이미지를 강화해야겠어."

바이엘은 1900년 동그라미 안에 BAYER라는 글자가 가로세로 십자가 형태를 이루는 로고를 발표했습니다. 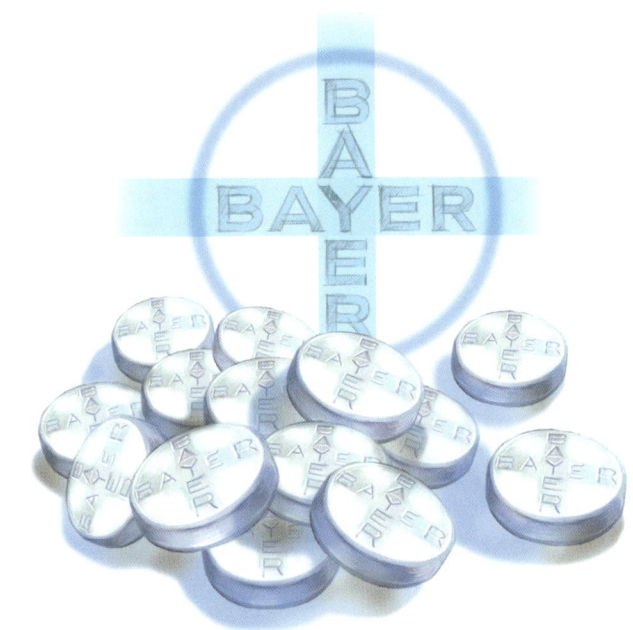이는 단순해서 기억하기 좋을 뿐만 아니라 로고를 보면 '신의 가호'가 연상되는 뛰어난 기호였습니다.

"약에도 십자 기호를 넣읍시다."

바이엘은 아스피린 알약에도 바이엘 십자가 기호를 새겨서 약에 특별한 기운이 담겨 있는 듯한 효과를 노렸습니다. 아스피린은 실제로 의료 효과가 좋기도 하지만, 십자 기호의 상징성이 맞물리면서 선풍적인 인기를 얻었습니다.

바이엘 로고는 뒷날 더 단순하게 다듬어졌지만, 십자가 기호 형태는 그대로 유지되고 있습니다.

미지수, 가새표 이야기 - 브랜드 제록스

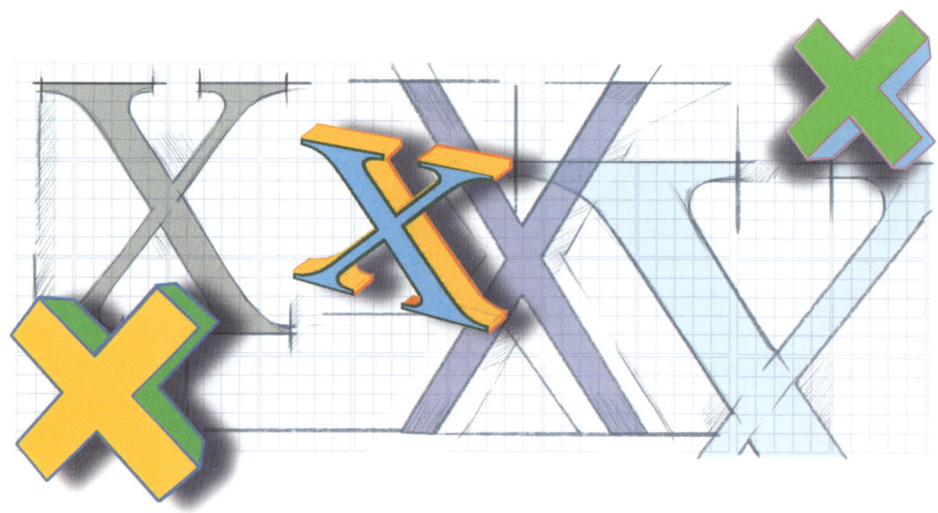

"그 일이 실현될 수 있을지는 미지수다."

"이번 선거에서 최대 변수가 될 것이다."

'미지수(未知數)'와 '변수(變數)'는 사실상 같은 말입니다. 미지수는 수학 방정식에서 구하려고 하는 수를 가리키는 말로, 한자 未(아닐 미), 知(알 지), 數(셀 수)를 풀이하면 '아직 알 수 없는 수'를 의미합니다.

미지수는 수식에 따라서 변하기에 변수라고도 합니다. 예를 들어 $X+2=5$에서는 X가 3이지만 $X+3=4$에서는 X가 1입니다. 이렇듯 미지수 X는 수식에 따라 변하는 값을 가지기에, 예측할 수 없는 앞일을 의미하기도 합니다.

"어떤 상황의 변할 수 있는 요인을 변수라고 하는구나."

중세 수학에서는 미지수를 a, e, i, o, u 등의 홀소리로 표시했습니다. 현대 수학에서는 흔히 알파벳 X로 표시합니다.

"누가 미지수를 X 기호로 처음 썼을까?"

17세기 프랑스 수학자 데카르트가 X를 미지수로 처음 사용했습니다. 데카르트는 프랑스 어에 X자 사용이 많아서 인쇄소에 X 활자가 많은데 착안하여 X를 미지수 기호로 정했다고 합니다.

"요즘 인터넷에 연예인 관련 엑스파일이 많이 돌아다닌다며?"

현대에 이르러 X는 '알려지거나 밝혀지지 않은 문서'를 뜻하기도 합니다. 이는 미국 TV 드라마 〈엑스파일(X-Files)〉에서 유래됐습니다. 우리말로는 '안개문서'라고 하며, 연예인이나 정치인의 치부를 기록한 문서도 흔히 '엑스파일'이라고 부릅니다.

"엑스맨은 천하무적이군!"

그런가 하면 미국 만화에서 엑스(X)는 정체를 알 수 없는 돌연변이 유전자를 뜻합니다. 마블 코믹스에서 발행하는 만화에서 엑스맨(X-Men)은 돌연변이로 태어나 초능력을 가진 이들로 구성된 영웅 무리를 가리키는 말입니다. 이들의 초능력은 알 수 없는 신비한 힘이기에 X라는 기호를 붙인 것입니다.

"원리를 밝힐 수 없지만 대단한 기술을 담은 뛰어난 제품입니다."

이에 비해 기업들은 기대감 가득 담은 첨단 기술 프로젝트의 상징 기호로 X를 적극 사용하고 있습니다.

몇 가지 사례를 살펴볼까요? 1980년대 초 현대 자동차는 'X카 프로젝트'라는 이름 아래 전륜 구동(엔진이 앞쪽에 있고 앞바퀴로 자동차를 움직이는 방식) 소형차인 포니 엑셀을 만들어냈습니다.

2009년 일본 도요타 자동차는 신형 차의 고품질 주행 성능을 강조하고자 마크 X라는 브랜드를 사용했습니다. 2011년에는 일본 후지 필름이 고급 카메라 시장에 프리미엄 브랜드 'X'를 선보이며 고성능 카메라임을 강조했습니다.

"알 수 없는 대상은 뭔가 신비로워. 엑스는 바로 그런 기호이고."

미국의 문서 관리 브랜드 제록스(XeroX)는 건식을 뜻하는 '제로스(Xeros)'와 쓰기를 뜻하는 '그라피아(graphia)'의 합성어 '제로그래피(Xerography)'에서 출발하여 독특한 발음을 위해 앞뒤에 X가 있는 브랜드로 바뀌었습니다.

이 브랜드는 엑스에 담긴 미지의 신비감 덕분에 시장에 성공적으로 정착했습니다. 제록스는 2008년 브랜드 이미지를 지금처럼 바꾸면서 X를 강조하여 세계적 기업 이미지와 함께 사업 분야 확대를 반영했습니다.

"엑스에 정말 많은 뜻이 담겨 있구나!"

이처럼 기업에 있어서 엑스는 비밀을 유지해야 하는 프로젝트의 상징이자 무한 확장 개념의 브랜드 기호로 쓰이고 있습니다.

"미지수 X는 가새표와 비슷하게 생겼네. 같은 건가?"

미지수 X와 비슷한 기호로는 '가위표'나 '가새표'로 부르는 ×가 있습니다. 그렇다면 ×(가새표)의 어원은 무엇일까요?

결론부터 말하자면 ×는 가위 모양이 아니라 건축 용어 '가새'에서 나온 말입니다.

목조 건물을 지을 때 사각형으로 틀을 짠 다음 그 모양이 변하는 것을 막고자 대각선 방향으로 막대를 빗대어 놓는데 그걸 가새라고 합니다. 다시 말해 가새는 창틀, 문틀 같은 사각형 뼈대의 비틀림을 막기 위해 대각선으로 덧댄 나무 막대를 가리키는 말입니다.

"이렇게 하면 문틀이 뒤틀리지 않게 되지."

가새를 대각선으로 비스듬히 세워 놓으면 뼈대가 변형되지 않고 건물이 무너지는 것도 막을 수 있습니다.

또한 가새는 수평이나 수직을 잡을 때 도움을 주기도 합니다. 그런 사례를 '벋다리'에서 살펴볼 수 있으니 '벋다리'를 국어사전에서 찾아보면 '바로 섰을 때 가새표 모양으로 되는 다리'라고 설명되어 있습니다. 가새가 지지대 역할을 한다는 걸 알 수 있습니다.

"문틀에 가새를 댄 걸 정면에서 보니 × 모양이네."

이 가새를 대각선으로 마주 보게 놓으면 × 모양이 됩니다. 여기에서 '가새표'라는 말이 나왔습니다. '가위표'는 가위 모양에서 나온 기호로 착각한 데서 비롯된 말입니다. 하지만 가위표도 널리 사용된 바람에 가새표와 더불어 복수 표준어로 인정받고 있습니다.

"이 기호가 엑스일까, 가새표일까?"

가위표 기호 ×를 '엑스표'나 '엑스'로 읽는 사람도 있는데 그것은 잘못된 발음입니다. 가위표 기호는 알파벳 X가 아니라, 직선 2개를 대각선으로 교차시킨 ×인 까닭입니다. 그러므로 미지수 기호 X와 가위표 기호 ×를 혼동하지 않도록 주의해야 합니다.

체크 마크 이야기 - 응용 기호 K마크, GD마크, G마크

"체크인하시겠어요?"

여행지에 갔을 때 호텔에서 잘 경우에는 체크인하고, 호텔을 떠날 때는 체크아웃을 합니다. 체크한 뒤에 방에 들어가고, 체크한 뒤에 방을 떠난다는 의미이지요. 따라서 이때의 체크는 '점검'을 뜻합니다. 체크 마크(check mark)는 V 기호로 표시합니다.

그렇다면 체크 마크의 유래는 무엇일까요?

"해당 사항에 표시하세요."

체크 마크는 어떤 사물의 상태를 검사하거나 대조하면서 찍는 V자 모양의 기호를 가리키는 말입니다. 예컨대 비행기 안에서 입국 신고서를 작성할 때 해당하는 사항에 체크 마크로 표시합니다. 이때의 체크 마크는 '그렇다'라는 의미입니다.

비슷한 맥락에서 호텔의 체크인은 숙박하기 전에 얼마나 묵을지 밝히고 기록하는 절차를 말합니다. 체크아웃은 호텔을 떠나기 전에 묵었던 날들을 확인하고 그 비용을 계산하는 절차를 뜻하고요.

"점검 표시 기호를 왜 V 모양으로 했을까?"

체크 마크를 V 모양으로 표시하게 된 유래는 기원전 3500년쯤 수메르로 거슬러 올라갑니다.

수메르 인은 이라크의 티그리스 강과 유프라테스 강 사이에 바빌로니아 왕국을 세워 농사를 짓고 가축을 키우며 살았습니다. 수메르 인은 인류 최초로 쐐기 문자를 발명해서 여러 내용을 기록하기도 했습니다. 쐐기 문자는 점토 위에 갈대나 금속으로 새겨 썼기 때문에 문자의 선이 쐐기 모양으로 보입니다. 위쪽보다 아래쪽이 얇거나 뾰족한 쐐기(▽)를 닮았죠.

"하늘에 계신 신이시여, 저희를 굽어살펴 주소서!"

또한 수메르 인은 해마다 일정한 날에 하늘의 신에게 제사를 드리는 관습이 있었습니다. 이때 전국의 소를 모아들였습니다. 그리고 소들이 얼마나 되는지 세면서 소 한 마리당 V자 표시를 하나씩 했습니다. 이때의 V자는 쇠뿔을 단순화한 모양이었습니다. 열 마리는 < 모양으로 표시했습니다. 다시 말해 V 표시는 쇠뿔을 하나씩 세면서 점검한 기호입니다.

"오호, 이 기호 쓸모 있어 보이네."

수메르의 V표시는 뒷날 체크 마크로 응용되었습니다. 보다 구체적으로 말하면 17세기 서양 교사들이 학생들이 제출한 답안지에 '옳다', '정확하다'라는 뜻으로 체크 마크를 사용하면서부터 점차 대조나 점검을 위한 기호로 썼습니다. 질문에 대한 답변이 맞으면 체크를 표시하며 확인한 것이지요.

"○로 해야 하나, X로 해야 하나?"

서양에서는 확인하는 표시로 X 기호도 많이 씁니다. 이때의 X 기호는 체크 마크와 비슷한 의미이며, 자기 눈으로 분명히 보고 확인했음을 뜻합니다.

인터넷 게임의 경우 서양에서는 종종 X를 '예', '확인', ○를 '아님', '취소'로 사용하는 이유가 여기에 있습니다. 이에 비해 우리나라나 일본에서는 ○를 '예', '확인', X를 '아님', '취소'로 설정하곤 합니다.

그러므로 문화권에 따라 긍정이나 확인의 의미로 표시할 때 그 기호가 V인지, X인지, ○인지 미리 알아두어야 합니다.

"저희가 확인하여 보증합니다."

체크 마크는 '확인'했다는 상징성이 크기에 '검증'과 '신뢰'의 기호로 쓰입니다. 그래서 그 기호는 인터넷 보안 솔루션 인증과 안전 관련 제품 평가 기호로 쓰이게 되었습니다.

2009년 1월 신문에 보도된 다음 내용을 볼까요.

"통합 보안 백신 V3 IS 2007 플래티넘이 백신 제품 국제 인증 기관 중 하나인 웨스트코스트 랩이 실시하는 체크 마크 1월 인증 테스트에서 단 한 번의 오진도 없이 바이러스, 스파이웨어, 트로이목마 등 각종 악성 코드를 100퍼센트 진단, 치료해 인증을 획득했습니다."

여기에서 '체크 마크'는 컴퓨터 바이러스와 악성 코드에 대한 검사 능력을 의미합니다. '점검'을 의미하는 체크 기호에 '보증'의 상징성을 담은 것임을 알 수 있습니다.

"전기 제품에도 체크 마크가 있네!"

우리나라는 한국 전기 안전 공사를 비롯해 6개 한국 제품 인정 기구 (KAS) 인증 기관이 V-체크 마크를 공동으로 사용하고 있습니다. 가스, 전기 전자 관련 제품과 부품 등에 V-체크 마크를 부여해 주고 있는데, 이 때 V-체크 마크는 제품 안전성을 보장한다는 의미입니다.

"체크 마크는 품질 인증으로 최종 소비자의 안전을 책임진다는 표시이구나."

한편 체크 마크 인증 기호는 다양한 형태로 응용되고 있습니다. K마크, GD마크, G마크 등등이 그렇습니다.

K마크는 한국 산업 기술 시험원이 공산품 품질에 대해 인증해 주는 기호입니다. GD마크는 한국 디자인 진흥원이 책임지고 고르고 산업 통상 자원부가 보장하는 우수 산업 디자인 기호입니다. G마크는 경기도지사가 농산물 품질을 인증한 안전 먹거리 기호입니다.

인증 대상이 다르고 기호 모양이 약간 다를지언정 기본적으로 품질을 보증해 준다는 점에서 체크 마크의 변형입니다.

스마일 마크 이야기 - 브랜드 월마트, 펩시콜라, 소노비

"범인은 같은 사람인 것 같아."

"나도 그렇게 생각해. 사건 현장 주변마다 스마일 마크가 있잖아."

"범인이 마치 잡아 보라는 의미로 그런 흔적을 남겼군."

2009년 12월, 뉴욕 경찰 출신 탐정 케빈 게넌과 앤서니 두아르테는 지난 11년 동안 미국에서 발생한 익사 사고 90건을 분석했습니다. 그리고 그중 40건 정도에 연관성이 있음을 주목했습니다. 희생자 모두 그다지 술을 좋아하지도 않는데, 술에 취한 상태로 추운 강물에 빠져 죽었다는 게 이상했지요.

두 탐정은 스마일 마크를 범죄자가 의도적으로 남긴 표시로 생각하고 사망자 40명에 대해 다시 조사해야 한다고 주장했습니다. 스마일 마크는 결코 스스로 목숨을 끊은 사람이 남길 기호가 아니기 때문입니다.

그렇다면 스마일 마크는 누가 무슨 목적으로 만들었을까요?

1963년 겨울, 두 회사를 합병한 미국 스테이트상호생명보험회사는 직원들이 불만과 불안에 가득 찬 표정으로 일하자 해결책을 찾기 위해 고민했습니다. 회사는 하비 볼(Harvey Ball)이라는 디자이너에게 부탁했습니다.

"직원들의 마음을 하나로 만들 우정 캠페인용 로고를 만들어 주오."

하비 볼은 어떻게 해야 적대감을 버리고 서로에게 따뜻한 마음으로 다가갈지를 연구했습니다. 그러다가 아이들의 천진한 얼굴을 떠올리고는 웃음이야말로 마음을 여는 가장 단순하면서도 분명한 신호라고 생각했습니다.

'웃는 얼굴의 배지를 만들어 가슴에 착용하게 하자!'

하비 볼은 처음에는 얼굴을 상징하는 동그라미를 그리고, 그 안에 눈과 코는 생략한 채 웃는 입만 선으로 그려 넣었습니다. 그런데 거꾸로 뒤집으니 울상이 되는 단점이 있었습니다.

'웃는 눈을 넣어 위아래를 구분하고 노란색으로 밝은 인상을 강조하자.'

이렇게 해서 친절과 행복한 표정을 담은 스마일 마크가 탄생했습니다. 요컨대 스마일 마크는 친절한 마음으로 행복하게 지내자는 뜻을 담은 기호였고, 누구든 그렇게 받아들였습니다.

하비 볼은 작업 대가로 45달러를 받았습니다. 회사는 스마일 마크를 만족해하며 적극 활용했습니다. 실제로 스마일 마크를 착용하게 하니 직원들 표정이 한결 밝아졌습니다. 회사 이미지도 한층 좋아져 영업 실적이 크게 늘었습니다.

"상표 등록은 했나요?"

그런데 하비 볼은 스마일 마크에 관한 상표 등록을 하지 않았습니다. 스마일 마크가 유명해질수록 저작권자의 상표 등록에 대한 관심이 높아졌습니다. 하지만 하비 볼은 2000년 2월 사망할 때까지 저작권이나 상표권을 주장하지 않았고, 이를 후회하지도 않았습니다. 오히려 그는 큰돈 벌 기회가 아깝지 않느냐는 주변 사람들에게 이렇게 말했습니다.

"이봐, 나는 한 번에 스테이크를 한 조각씩밖에 먹을 수 없고 한 번에 차를 한 대밖에 몰 수 없잖아."

이런 마음 때문에 하비 볼은 스마일 마크를 좋아하는 수많은 사람으로부터 헤아릴 수 없을 만큼의 감사 편지를 받았다고 합니다.

"당신 덕분에 오늘도 감사한 마음으로 살아갑니다. 고맙습니다."

　오늘날에도 많은 사람이 자유롭게 스마일 마크를 쓰고 있으며, 기업 역시 그러합니다. 한 예를 들면 미국의 대형 할인점 월마트(Wal-Mart)는 1996년부터 직원 제복이나 쇼핑백에 스마일 마크를 넣어서 친절을 강조하고 있습니다.

　또한 1970년 미국의 한 형제는 'have a happy day(행복한 하루를 보냅시다)'라는 문구를 넣은 스마일 마크로 큰돈을 벌기도 했습니다.

"스마일 마크를 보면 기분이 좋아져."

스마일 마크는 보는 사람에게 긍정적 영향을 줍니다. 그 점에 착안하여 펩시콜라(Pepsi-Cola)는 태극무늬와 비슷한 로고를, 2010년부터 웃는 입 모양의 스마일 로고로 바꾸었습니다. 펩시콜라 측에 따르면 스마일 로고는 '긍정의 힘'을 상징하며, 콜라를 마시면서 즐거움과 행복함을 한껏 느끼는 입 모양을 형상화했다고 합니다. 한마디로 스마일 로고는 낙천주의의 시각적 상징입니다.

"알파벳 O를 웃는 얼굴로 표현하면 한층 친근해 보일 것 같아요."

한국의 에스콰이어 패션 기업은 감각적 일러스트를 넣은 캐릭터 브랜드 소노비(SONOVI) 로고 O에 스마일 마크를 넣어 젊은 층 관심을 끄는 데 성공했습니다. 웃는 표정은 누구에게나 즐거운 기분을 안겨 주는 모양입니다.

체크무늬 이야기 - 브랜드 쉐보레 콜벳, 버버리

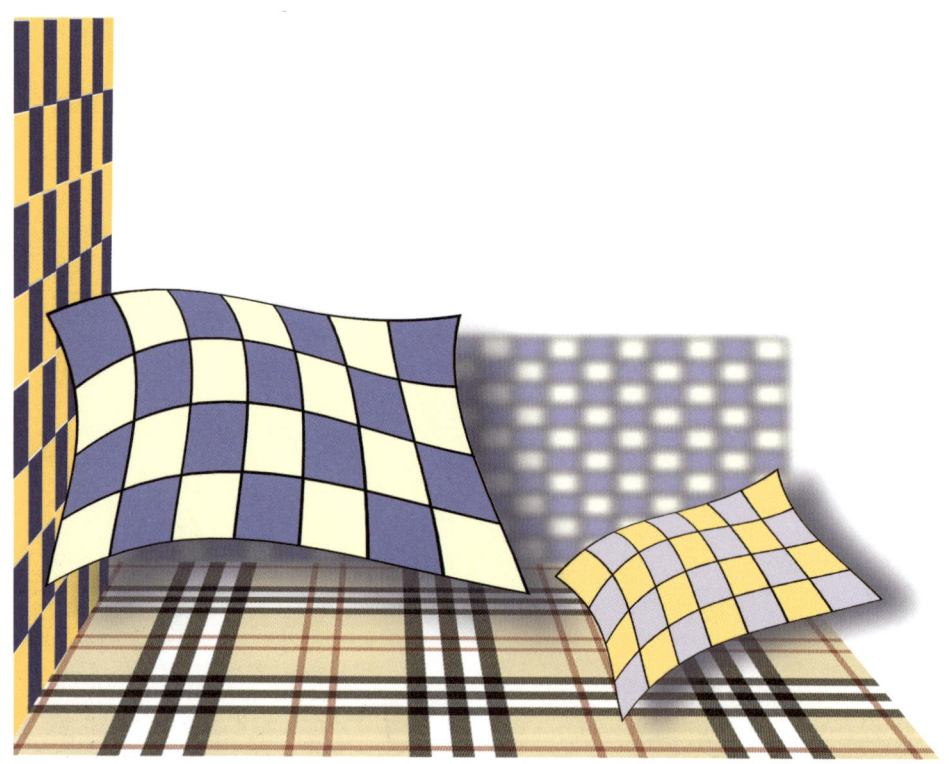

"연료를 가장 적게 사용해 완주한 자동차 운전자에게 상금 5천 프랑(약 586만 원)을 주겠습니다."

1894년 6월 22일, 프랑스 일간지 〈르 프티 주르날〉은 자동차 경주 대회를 열면서 이처럼 공지했습니다. 파리에서 출발해 파리 북서쪽으로 약 100킬로미터 떨어진 센 강변에 있는 항구 도시 루앙까지 어떤 자동차가 가장 우수한지 연료 소비율로 따지려 한 것이었습니다.

이 대회는 최초의 카레이싱으로 역사에 기록되었습니다. 이후 자동차 경주 시대가 활짝 열렸습니다.

"자동차가 목적지에 도착하면 왜 깃발을 펄럭이는 걸까?"

어떤 자동차 대회이든 간에 도착점에서는 체크무늬 깃발로 신호를 보냅니다. 왜 그럴까요?

체크(check) 또는 체크무늬는 바둑판 모양의 무늬를 가리키는 말입니다. '점검'을 뜻하는 체크 기호는 V 모양이지만, 무늬일 경우에는 가로세로 줄이 있는 바둑판무늬를 의미합니다.

대표적 예로 타탄체크(tartan check)를 들 수 있습니다. 타탄체크는 스코틀랜드의 전통적 격자무늬로, 선 굵기가 서로 다른 서너 가지 색을 바둑판처럼 엇갈려 놓은 무늬입니다.

"스코틀랜드 인은 왜 격자무늬를 좋아했을까?"

체크무늬 역사는 타탄체크의 역사이기도 하며 그 유래는 스코틀랜드에서 찾을 수 있습니다.

스코틀랜드 각 부족은 자신들의 혈통을 나타내고자 특정한 체크무늬를 짜 넣은 모포를 몸에 둘렀습니다. 여기에서 체크무늬가 유행했습니다. 이때 각 부족은 여러 색의 줄무늬를 저마다 개성 있게 만들어낸 타탄체크를 통해 다양한 멋까지 과시했습니다.

"격자무늬 색이 많은 걸 보니 귀족이로군."

더구나 초기에는 체크무늬로 신분을 나타내기까지 했습니다. 예컨대 하인은 한 가지 색, 귀족은 3~5가지 색, 국왕은 7가지 색 줄무늬를 사용하여 신분을 명확히 구분했습니다. 따라서 초기의 체크무늬는 일종의 권위 과시용 기호였던 셈이었습니다.

"전통이 느껴지면서도 경쾌한 느낌이 나네."

타탄체크는 세월이 흐르면서 일반인에게도 호응을 얻었습니다. 1백 가지가 넘는 타탄체크는 유행에 크게 얽매이지 않는 데다 착시 현상을 일으켜 몸매의 단점을 가려 주기까지 하는 까닭입니다.

"멀리서도 잘 보이네!"

체크무늬는 눈에 잘 띄므로 초창기 자동차 경주 대회의 출발 신호 깃발로 사용됐습니다. 1860년대 프랑스에서 열린 자전거 경주 대회에서의 체크무늬 조끼가 그 시작입니다. 당시 많은 군중이 결승선에 모여 있자, 경기 진행 요원 중 1명이 검정과 하양이 어우러진 조끼를 입고 결승선에 서 서 있어서 도착 위치를 알렸습니다.

"체크무늬 깃발을 흔들면 눈에 더 잘 띄겠어!"

1900년대 초에 열린 자동차 경주 대회에서는 조끼를 깃발로 바꾸고 흔들어 결승선임을 참가자들에게 알렸습니다. 1900년에 프랑스 자동차 클럽이 파리에서 리옹까지 달리는 세계 최초의 국제 자동차 경주 대회를 열었는데, 이때 체커드 플래그(체크 깃발)을 카레이싱 신호로 처음 썼습니다. 그래서 지금까지 카레이싱에서는 바둑판무늬 체크 깃발로 자동차의 출발과 도착 등을 참가자들에게 알려 주고 있습니다.

"씽씽 달리는 자동차 경주 구경하러 가자."

카레이싱은 자동차 성능을 발전시키는 역할을 했고, 사람들에게 흥미로운 구경거리로 여겨졌습니다. 카레이서들은 체크 깃발을 가장 먼저 보기 위해 사력을 다했습니다. 오늘날에는 1인승 자동차 경주까지 열리고 있으며, 특히 '포뮬러 원'을 자동차 경주 대회의 으뜸으로 여깁니다.

"카레이싱 깃발 색깔도 다양하네."

자동차 경주 깃발의 무늬나 색깔은 나름의 의미가 있습니다.

초록 깃발은 출발 신호로 사용합니다. 노란 깃발은 앞에 위험 요소가 있거나 추월을 금지할 때 씁니다. 빨간 깃발은 차가 위험한 위치에 있을 때 경주를 중지시키는 상태를 의미합니다.

파란 깃발은 추월을 시도하는 차가 있음을 알려 줍니다. 검정 깃발은 자동차 운전자가 규칙을 어겼을 때 경기 중단 벌점을 알리는 신호입니다. 검정과 하양이 교차한 체크 깃발은 경주를 모두 마쳤음을 알려 주는 신호입니다. 체크 깃발은 우승자는 물론 완주하는 모든 운전자가 볼 수 있습니다.

"체크무늬 깃발을 우리 자동차의 상징으로 삼아야겠어."

오늘날 체크무늬를 사용하는 대표적 회사는 쉐보레 콜벳(Chevrolet Corvette)입니다. 미국 스포츠카의 대명사 쉐보레 콜벳은 체크기와 회사 깃발을 V자 형태로 배치한 로고로 유명합니다.

이는 레이싱에서 우승을 바라는 마음을 담은 상징 기호입니다. 실제로 쉐보레 콜벳은 아메리칸 르망 등에서 여러 차례 우승했습니다.

"체크무늬를 좀 더 간결하면서 인상적으로 만들어 보자."

체크무늬하면 버버리(BURBERRY)를 빼놓을 수 없습니다. 1856년 영국의 작은 의상실로 출발한 버버리는 1920년 특유의 체크무늬 트렌치 코트를 선보였습니다. 타탄체크 문양을 현대적으로 재해석하여 '버버리 룩'이라는 패션 용어까지 낳았습니다. 버버리 룩은 도회적이며 세련된 무늬이자 기호로 세계인을 사로잡았고 지금도 널리 사랑받고 있습니다.

눈과 눈동자 이야기
- 브랜드 미국의 CBS, 콤므 데 가르송

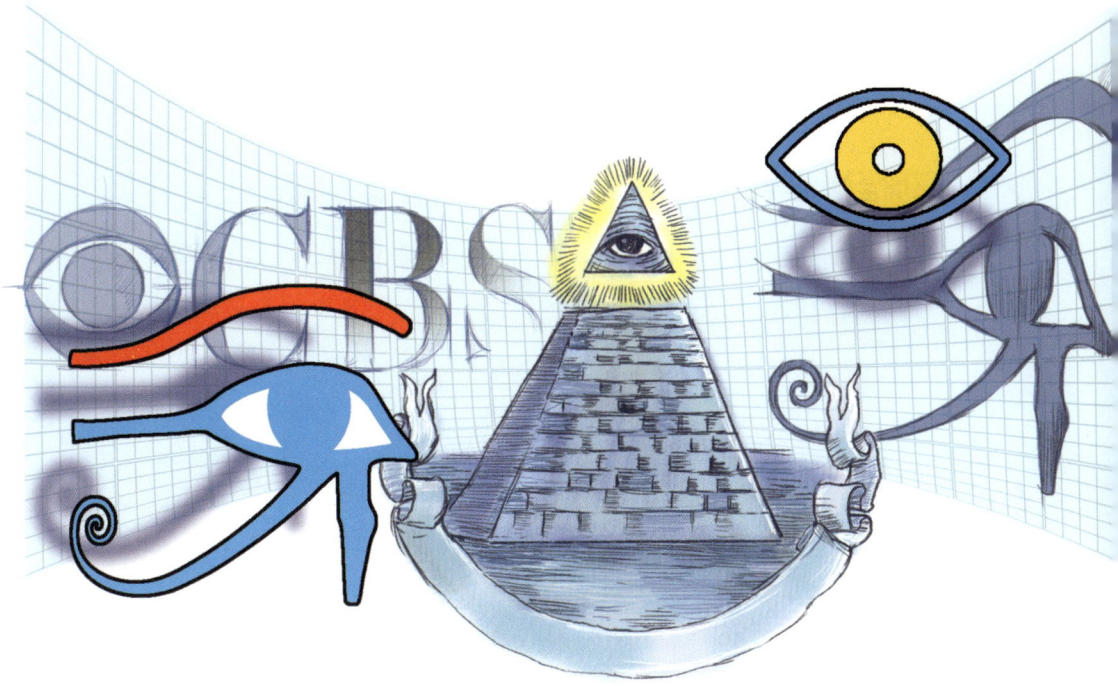

"도깨비는 눈이 몇 개일까?"

정답은 '나라마다 다르다'입니다. 일본 귀신 오니는 눈이 3개이고, 우리나라 도깨비는 외눈입니다. 그리스 신화에 등장하는 키클롭스는 몸에 털이 많은 외눈박이 거인으로 외딴곳에 살면서 사람을 잡아먹습니다.

"그럼 눈이 2개가 아닌 괴물도 있을까?"

한이 많은 처녀 귀신이나 사람 피를 빨아 먹는 드라큘라의 경우 눈은 2개이지만 모두 째진 눈을 하고 있습니다. 일본의 미코시뉴도는 스님 모습에 목 길고 키 큰 괴물인데, 눈은 사팔뜨기입니다.

"괴물들은 눈이 이상하구나."

이들 괴물의 공통점은 뭘까요? 바로 비정상적인 눈입니다. 그렇다면 왜 괴물들은 하나같이 이상한 눈을 하고 있을까요?

해답은 질투에 있습니다. 예부터 인류는 늘 악령들의 심술과 질투를 두려워했습니다.

악령은 사람들을 지켜보고 있다가 좋은 일이 생기면 어떻게든 망치거나 훼방한다고 믿어졌습니다. 인간이 자기보다 행복해하는 꼴을 못 보기 때문입니다.

"돼지가 새끼를 많이 낳았네! 몇 마리인지 세어 볼까."

가축을 키우는 사람이 좋아하며 그 수를 헤아리면 여지없이 악령이 그중 여러 마리를 죽인다고도 믿었으며, 특정한 것을 세거나 가리키면 악령의 눈길이 그리로 쏠려서 해를 입힌다고 믿었습니다. 동서양을 막론하고 악마나 괴물을 묘사하면서 눈에 중점을 둔 이유가 바로 여기에 있습니다.

괴물의 이상한 눈은 흉악한 마음을 나타내는 표지였던 것입니다. 또한 외눈박이는 편견 어린 시선을 상징하고, 여러 개의 눈은 매우 강한 질투와 감시를 상징합니다.

"그렇게 바라보지 마!"

일반적으로 사람들은 빤히 바라보는 타인의 눈길을 불편해합니다. 상대가 내 허점을 찾으려 한다거나 상대에게 감시당하는 느낌을 받는 까닭입니다. 만약 그런 눈길이 보이지 않는 곳에 있다면 더 불안해했으며, 그런 관념에서 '악마의 눈길'이란 기호가 생겼습니다. 한자로는 사안(邪眼), 영어로는 이블 아이(Evil eye)라고 합니다.

"누군가 보고 있는 것 같아서 기분이 섬뜩해."

악마의 눈길은 기본적으로 행복을 망치고 불행을 키운다고 여겨졌습니다. 그래서 고대 그리스 인들은 손등이나 발등에 돋은 사마귀 개수를 절대로 세어 보지 않았습니다. 그랬다가는 악마가 낄낄대면서 사마귀를 더 많이 생기게 하리라 믿었기 때문입니다.

옛날 우리나라나 중국에서는 귀한 집 아들을 어린 시절 천한 이름으로 불러 악마의 눈길을 피하려 했습니다. 예를 들면 구한 말 고종 황제의 아명은 개똥이었습니다. 귀한 신분이지만, 천한 아이처럼 여겨지게 하고자 아명을 그렇게 지은 것이지요.

"내게 오는 악마의 눈길을 되돌려 보내야겠어."

더욱 적극적인 사람들은 아예 부적을 만들어 악마의 눈길을 차단했습니다. '보는 구슬'이란 뜻을 지닌 터키의 나자르 본주(nazar boncuğu)가 대표적입니다.

나자르 본주는 동그란 눈동자처럼 생긴 둥글넓적한 파란 구슬 모양입니다. 현지에서는 '악마를 물리치는 눈'으로 통합니다. 이슬람에서 '행운의 색', '수호의 색'으로 여겨지는 파란색 터키석으로 눈동자 모양을 만들어 부적으로 사용한 것입니다.

오늘날 터키에서는 어디에서든 파란 눈을 볼 수 있습니다. 장신구는 물론 열쇠고리, 휴대 전화 걸이, 팔찌, 도자기 컵 같은 기념품에서부터 건물 외벽, 거리 도로, 화단, 계단, 심지어 성모 마리아 기념품에까지 파란 눈이 장식된 이유입니다. 눈동자 모양은 조금씩 다르지만, 근본적으로 그 의미는 같습니다.

"날 지켜보는 것 같네."

기호에 있어서 눈동자는 보는 이에게 강렬하게 작용합니다. 특히 정면으로 바라보는 눈동자 기호는 흡입력이 매우 강합니다. 그런 눈길은 속이지 말라고 경고하는 듯 여겨집니다. 그래서일까요. '직시(直視)'라는 말은 '사물의 진실을 바로 봄'이라는 뜻으로도 통합니다.

"진실을 똑바로 바라보겠습니다."

미국 CBS 방송국 로고는 그 점에 주목하여 만든 뛰어난 로고로 유명합니다. CBS에서 20여 년간 예술 감독으로 일한 윌리엄 골든이 1951년 선보인 눈동자 로고는 아주 단순합니다. 구름 낀 하늘에 크게 부릅뜬 눈이 합성된 모양으로 마치 지상을 내려다보는 '하늘의 눈' 같은 느낌을 주었습니다.

1966년에 좀 더 단순하게 수정됐으나 동그라미 안에 흰 눈자위와 검은 눈동자가 있는 모양은 변하지 않은 채 지금까지 CBS 방송국 로고로 쓰이고 있습니다.

"분노를 담은 눈입니다."

일본 패션 브랜드 콤므 데 가르송(COMME des GARCONS)의 플레이 라인은 붉은 하트 안에 2개의 눈이 그려진 로고로 눈길을 끌고 있습니다. 디자이너 레이 가와쿠보가 분노 감정과 반항 정신이 작품 창작의 원동력이라 밝혔듯 눈매는 다소 사납습니다. 사나운 눈은 강렬하므로 소비자에게 한층 강한 인상을 주기 위한 표현으로 보입니다.

해골 기호 이야기
- 브랜드 에스파냐의 스켈퍼스, 스웨덴의 칩 먼데이

"저 배를 습격하라!"

해적은 배를 타고 다니면서, 다른 배나 해안 지방을 습격해 재물을 빼앗는 도둑을 말합니다. 이들은 해적선을 타고 다니다가 만만해 보이는 배를 골라 갑자기 공격하는 전술을 사용합니다. 또한 공격에 앞서 해골 기호가 그려진 깃발을 내걸어서 사람들을 공포에 떨게 하지요. 그런데 언제부터 해적선에서 해골 무늬 깃발을 내걸었을까요?

해적은 고대부터 있었습니다. 기원전 600년쯤 그리스 사모스 섬의 왕 포로크라테스는 갤리선 수십 척을 거느리고 해적질로 막대한 부를 쌓았으며, 8~10세기쯤 바이킹은 영국 해협과 유럽 각지를 휩쓸며 사람들을 공포에 떨게 했습니다.

"우리나라 배 말고는 공격해도 된다오."

16세기 말에는 영국과 에스파냐(스페인)가 식민지 확보 경쟁을 벌이면서 자국 선장들에게 다른 나라 배들을 약탈해도 좋다는 허락 문서를 내주며 상대국을 견제했습니다.

이 때문에 해적은 두 나라의 제해권(무력으로 바다를 지배해 군사, 통상, 항해 따위에 관하여 해상에서 가지는 권력) 쟁탈전에서 큰 역할을 했습니다. 예를 들면 1588년에 영국 함대 일원으로 참여해서 에스파냐 무적함대를 격퇴한 것도 해적선 선장 출신 지휘관들이었습니다.

"이제부터 어느 나라 배든 습격하는 해적은 사형에 처하겠노라!"

17세기 초 유럽 각국이 경쟁을 끝내고 평화 시대를 맞이했습니다. 그러자 해적들은 유럽의 국제법이 적용되지 않는 아메리카 바다로 이동했습니다. 이 무렵 카리브 해에는 영국, 프랑스, 네덜란드 해적 말고도 또 다른 해적 버커니어(buccaneer)가 활동하고 있었습니다.

버커니어는 원래 짐승을 잡아먹으며 생활하던 아메리카 원주민이었으나, 에스파냐의 침략과 약탈이 심해지자 해적이 된 사람들이었습니다. 그들은 돛대를 눕혀 난파선으로 가장하거나 허술해 보이는 어선으로 꾸며 에스파냐 상선에 접근한 다음 기습적으로 습격하곤 했습니다.

17~18세기에 버커니어 해적의 약탈은 극심했습니다. 18세기 초에는 해골이 그려진 해적 깃발이 등장했습니다. 톨텍 족 출신 해적이 만들었습니다.

톨텍 족은 10세기 중엽 멕시코 고원 지대를 지배하고 방울뱀을 숭배한 부족입니다. 이들은 X자 모양으로 교차한 뼈다귀와 해골 무늬로 신전을 장식했습니다. 공포 분위기를 조성해서 복종을 이끌어내기 위함이었습니다.

뒷날 카리브 해에 출몰한 해적이 이 신전 장식에서 힌트를 얻어 X자 모양의 사람 뼈 위에 해골이 있는 기호를 깃발에 그려 넣었습니다.

"해, 해적이다!"

해골 깃발은 기대 이상의 효과를 나타내었습니다. 해적 깃발만 보고도 사람들이 지레 질겁하고 우왕좌왕했기 때문입니다. 덕분에 해적은 손쉽게 강도질할 수 있었습니다. 그러자 해적선마다 앞다퉈 해골 깃발을 내걸었으며, 자연스레 해골 기호는 해적선의 상징이 되었습니다.

"나는 좀 더 무서운 해골 문양을 만들어야겠어."

18세기 초 카리브 해에서 잔인한 고문과 살인으로 악명을 떨친 해적이 있었습니다. 바솔로뮤 로버츠입니다.

그는 1721년 유럽 해군을 피해 아프리카로 항해하면서 독자적 깃발을 만들었습니다. 불타오르는 칼과 단검을 각각 양손에 들고 2개의 해골 위에 자신이 올라서 있는 모습이었습니다.

이는 고통받는 섬사람들의 증오심을 표현한 것이었지만, 보는 사람에게는 두렵고 무서운 무늬로 작용했습니다. 이 깃발을 계기로 해골 아래에 사람 뼈 대신 단검 2개를 그려 넣은 해적 깃발도 많이 사용되었습니다.

"해골은 죽음을 상징하지."

이런 까닭에 오늘날 해골 무늬는 죽음을 알리는 상징 기호로 쓰이고 있습니다. 예컨대 매우 조심히 다루라는 표시로 독극물 들어 있는 드럼통에 해골을 그려 넣거나, 독극물을 보관한 장소에 해골 마크의 독극물 경고문을 붙이고 있습니다.

"한 번에 눈길을 끌기로 해골 무늬만 한 게 없지."

해골 무늬는 아름다움과는 거리가 멉니다. 그렇지만 패션 브랜드에서도 종종 쓰이고 있습니다. 매우 인상적이어서 남의 이목을 끌기 쉬운 까닭입니다.

스페인 신발 브랜드 스켈퍼스(Scalpers)는 2개의 칼이 X자로 교차한 해골 무늬와 다양한 색감으로 인기를 끌었습니다. 스웨덴 의류 브랜드 칩 먼데이(Cheap Monday)는 머리에 거꾸로 된 십자가가 그려진 해골 로고로 논란을 불러일으키며 관심을 끄는 데 성공했습니다.

"해골 무늬는 왠지 강하고 멋있어!"

영국의 알렉산더 맥퀸, 미국의 에드 하디 등 유명 디자이너들이 해골 무늬 제품을 선보였고, 연예인들도 즐겨 입습니다. 이제 해골 무늬는 죽음과 공포 이외에 강렬한 인상이나 특이한 멋으로 통하는 것입니다.

제2부 기호의 모양과 상징 이야기

이모티콘은 언제 처음 등장했을까?

"이모티콘이 너무 귀여워!"

이모티콘(emoticon)은 '감정'이란 뜻의 영어 이모션(emotion)과 '형상'이란 뜻의 아이콘(icon)을 합쳐 만든 단어입니다. 우리말로는 그림 문자 또는 그림말이라고 합니다. 컴퓨터나 휴대 전화의 문자와 기호, 숫자 등을 조합해 만든 그림 문자로, 감정이나 느낌을 전달할 때 사용합니다.

일반적으로 아스키코드를 이용해 감정을 표시하는 기호를 가리킵니다. 아스키코드는 미국 표준화 협회가 제정한 보편적인 문자 코드 체계로서 정보 교환용 7비트 부호로, 숫자, 문자, 특수문자에 번호를 부여한 것입니다.

"기호 2개를 연속으로 치니 눈웃음 짓는 것처럼 보이네."

우리나라의 이모티콘은 주로 눈을 중심으로 만든 것이 많으며 한글 자모를 이용하기도 합니다. 몇 가지 예를 들면 ^^(미소 짓는 모습), ^^;(겸연쩍어하는 모습), *^^*(살짝 부끄러워하는 모습), ㅠ_ㅠ(우는 모습)이 있습니다.

"고개를 돌리니 표정이 보이는구나."

서양 문화권에서는 옆으로 누운 형태로 입 모양을 통해 감정을 표현합니다. 몇 가지 사례를 살펴보면 :-)(미소 짓는 모습), :-D(활짝 웃는 모습), :/(불만에 찬 모습), :-P(약 올리는 모습), :-O(깜짝 놀란 모습), XD(배꼽 잡고 웃는 모습), ~:-((화가 나서 열 받은 모습)이 있습니다.

그런데 최초의 이모티콘은 언제 누가 만들어 선보였을까요?

'그림 문자로 농담을 표시하고 싶은데…….'

1982년 9월 19일 오전 11시쯤 미국 카네기 멜로 대학의 스콧 팔맨 교수는 온라인 전자 게시판에서 유머의 한계에 관해 토론하고 있었습니다. 그러다가 문득 위와 같이 생각했습니다. 그리고 몇 가지를 궁리하다가 11시 44분에 :-)를 만들어 웃는 얼굴을 나타냈습니다.

'채점자들은 이 문자를 사용하길 바랍니다. :-)'

팔맨 교수는 정보를 쉽게 주고받기 위해 사용하는 전자 게시판이 이따금 감정싸움의 장으로 바뀌는 것이 안타까웠습니다. 그는 고민 끝에 조금 장난스럽게 이모티콘을 만들어 공지문에 넣었습니다.

그런데 반응은 뜻밖에 뜨거워서 전자 게시판 내 큰 호응을 얻으며 금방 퍼졌습니다. 문자로만 의견을 주고받을 때는 좀 딱딱하고 무거운 분위기였는데, 웃는 얼굴의 이모티콘을 쓰자 한결 분위기가 부드러워졌기 때문입니다.

"미소가 있으니 문장이 부드러워진 느낌이 들어."

초기에는 주로 웃는 모양의 이모티콘이 유행했기에 이모티콘을 '스마일리'라고도 불렀습니다. 이모티콘에 대해 '디지털 미소 혁명'이라는 평가도 나왔습니다.

"다른 표정도 이모티콘으로 만들어 봐야겠다."

그러다 차츰 여러 감정을 재미있게 표현한 다양한 형태의 이모티콘이 등장했고, 우리나라에서는 1990년대 초반부터 우리 정서에 맞는 이모티콘을 만들어 썼습니다.

"이모티콘이 없으면 문장이 왠지 딱딱하고 건조하게 느껴져."

오늘날에는 메일을 쓸 때나 채팅할 때, 인터넷 게시판에 글을 올리거나 휴대 전화로 문자를 보낼 때 이모티콘을 많이 씁니다.

또한 이모티콘은 미국에서 처음 시작됐으나 우리나라에서 더 활발하게 이용되고 있습니다. 예를 들면 미국에서 만든 휴대 전화기 아이폰에는 이모티콘이 없지만, 우리나라에서 만든 전화기에는 당연한 것처럼 이모티콘이 기본적으로 내장되어 있습니다.

한편 요즘 많이 사용하는 이모티콘을 정리하면 대략 다음과 같습니다.

암수 기호(♀·♂)의 유래

"거울과 화살인가?"

오늘날 ♀·♂는 여자와 남자를 상징하는 기호로 유명합니다. 어떻게 보면 여성 기호는 거울을 닮은 것 같기도 하고, 남성 기호는 화살을 닮은 것 같기도 합니다. 하지만 실제로는 전혀 다른 인상에서 착안했습니다. 누가 무엇을 보고 만들었을까요?

"기억하기 쉽도록 그려둬야겠어."

동굴에 살던 구석기 시대 원시인들은 자신들이 본 것 중에서 인상 깊은 사물들을 벽화로 남겼습니다. 들소, 사슴, 말 따위 동물은 물론 사람이나 무기 등을 벽에 그렸습니다. 그리고 여자 성기나 남자 성기도 특징적으로 간략히 그리곤 했습니다. 특히 성기의 경우 원시인들은 여자 성기를 더 많이 그렸습니다. 왜 그랬을까요?

"아이들이 더 많이 필요해."

그것은 여성 중심의 구석기 문화와 관련이 깊습니다. 그 무렵 동굴은 생활 공간으로 여성이 여러 남자를 거느리고 살았습니다. 남자들은 사냥하러 나가 식량을 구해왔고, 여자들은 아이를 낳아서 사냥할 사람을 늘렸습니다. 일할 사람이 많아지면 식량을 구하기 더 쉬워지니까요. 그러하기에 원시인은 다산과 풍요로움을 기원하고자 여자 성기를 그린 것입니다.

"생물에서 암컷과 수컷 기호는 누가 만들었을까?"

우리가 생물학 기호로서 쓰고 있는 ♀(암컷), ♂(수컷) 자체는 점성술에서 유래했습니다. 기원전 2700년 전 고대 바빌로니아에서는 점칠 때 하늘의 별자리와 별의 위치 등을 따졌는데, 바로 그 점성술 기호에 암수 기호도 들어 있었습니다. 당시 ♀는 금성을 가리켰고, ♂는 화성을 나타냈습니다.

"새벽이나 저녁 무렵에 뜨는 금성은 여성처럼 아름다워!"

"붉은색을 띤 화성은 매우 뜨겁고 정열적이야!"

바빌로니아 인은 금성에서 여성적 아름다움을 느껴 동그란 거울 비슷한 기호로 표현하고, 화성에서 남성적 공격성을 느껴 화살 모양의 기호로 나타낸 것입니다. 그렇지만 이때까지만 해도 ♀·♂는 별(금성과 화성)의 기호로 쓰였습니다.

"금속을 기호로 표시해야겠어."

♀·♂는 중세 유럽에 들어와 연금술에서 금속을 표시하는 기호로 바뀌었습니다. 연금술은 구리, 납 따위를 황금으로 바꾸려는 기술을 말합니다. 이 연금술에서 ♀는 부드러운 금속인 구리를 의미했고, ♂는 무기를 만드는 무쇠(철)를 나타냈습니다.

"구리와 무쇠를 섞으면 황금이 나올지도 몰라."

연금술사들은 다양한 금속이나 물질들을 섞으면서 어떻게 해서든 황금을 만들려고 애썼습니다. 연금술사들은 그 뜻을 이루지 못했으나 이들의 노력은 화학에 대한 지식을 축적해 뒷날 과학 발전에 큰 도움을 주었습니다.

그리고 ♀·♂는 1753년 스웨덴의 식물학자 칼 폰 린네(1707~1778)에 의해 또 한 번 의미가 변하여 암수 기호로 사용되기 시작했습니다.

"식물에도 암수가 있으니 구별해서 표기해야겠어."

린네는 동물뿐만 아니라 식물도 결혼한다고 주장하며 성별에 따른 분류를 시도했습니다. 린네는 《자연의 체계》라는 저서에서 ♀·♂ 기호로 생물의 암컷과 수컷을 구별했는데, 그 기호를 택할 때 성기의 비슷함은 물론 ♀는 부드럽고 ♂는 강한 느낌을 주는데 착안했다고 합니다.

또한 린네는 남성 상위 가치관을 반영하여 식물에서도 암술보다 수술을 우선시했고, 린네가 분류한 이명법(생물의 속명과 종명을 나란히 쓰는 명명법)은 현재도 그대로 쓰이고 있습니다.

요컨대 식물학자 린네는 여성의 부드러움과 남성의 강함을 ♀·♂ 기호로 구별했고, 그 뒤 관행이 되어 오늘에 이른 것입니다.

온천 기호(♨)는 언제 생겼을까?

"와~, 따뜻해 좋다!"

목욕 역사는 원시 시대로 거슬러 올라갑니다. 기원전 2만 년쯤 사람들이 뜨겁게 달군 돌에 물을 끼얹어 사우나를 즐겼거든요. 목욕이 건강 증진에 도움이 된다는 사실을 이미 알고 있었던 것입니다.

"운동해서 땀 흘린 뒤에 목욕하면 몸이 개운하지."

고대 그리스 남자들은 체력 단련장에서 운동한 다음 사우나를 했습니다. 로마 인은 거대한 공중목욕탕을 여기저기 만들 정도로 목욕을 좋아했습니다.

특히 로마 인은 곳곳에 대규모 온천지를 세워 질병 치료에 활용했습니다. 뜨거운 물에 몸을 담그면 혈액 순환이 잘될 뿐만 아니라 특정 질병의 고통을 없애 준다는 걸 알았기 때문입니다.

"이제부터 공중목욕탕 출입을 금하노라."

서양에서 중세에는 목욕을 금기시하는 바람에 온천 문화가 사라졌습니다. 목욕하러 온 남녀가 불건전하게 사귀는 일이 많았기 때문입니다.

그러다 17세기 들어 다시 목욕이 유행했습니다. 유럽의 상류층 사람들은 건강 유지를 목적으로 온천지에 며칠씩 묵으며 물속에 몸을 담갔습니다.

"뜨끈한 물에 몸을 담그면 혈액 순환이 잘되어 기분 좋지."

동양에서는 일본이 목욕과 온천에 관심이 많았습니다. 밖에 나갔다 집으로 돌아오면 뜨거운 물이 담긴 욕조에 몸을 담가 긴장을 풀었습니다. 몸을 씻을 때는 욕조에서 나와 물을 끼얹어 가며 씻었습니다. 아울러 화산 지대 특성을 살려 곳곳에 온천을 많이 개발했습니다.

"여기서 더운물이 솟아 나오네!"

온천은 주변 대기 온도보다 높은 온도의 더운물을 뿜어내는 샘을 가리키는 말입니다. 온천에는 여러 가지 광물이 들어 있어서 의료에 효과가 있습니다. 나라에 따라 뜨거운 물의 온도는 다르지만, 우리나라는 온천을 '평균 25℃ 이상으로 인체에 해롭지 않은 물'로 규정하고 있습니다.

"목욕하고 나서 질병이 고쳐졌어!"

전설에 따르면 블라더드(리어왕의 아버지)가 기원전 863년에 김이 나는 습지에 몸을 담가 치료한 뒤, 그 효과에 감탄하여 온천지 배스(Bath)를 처음으로 세웠다고 합니다. 온천 도시 배스는 '목욕', '욕조'를 뜻하는 영어 단어 bath의 어원이기도 합니다. 배스에선 지금도 수온 49℃인 온천수를 하루에 50만 갤런 이상 생산하고 있습니다.

"온천이라면 일본인을 빼놓을 수 없지."

일본에서 가장 오래된 역사서 《일본 서기》에 온천 이야기가 있습니다. 이로 미루어 일본인은 옛날부터 온천을 좋아했음을 알 수 있습니다. 화산 지대의 특성상 일본에는 노천 온천도 많았으며, 공간을 막아서 온천 시설을 만들기도 했습니다.

그런데 온천 기호(♨)는 누가 언제 만들었을까요?

온천 기호로 사용되는 ♨의 유래에 대해서는 두 가지 설이 있습니다.

하나는 1871년 일본 메이지 정부가 도쿄를 측량하면서 독일 지도를 참조해 기호를 만들 때, 신사(神社), 온천 등 독일에 없는 기호를 독자적으로 만들었다는 설입니다.

다른 하나는 19세기 말엽 일본 군마 현의 이소베 온천에서 처음으로 만들었다는 설입니다.

♨는 온천을 세 번 하면 좋다는 뜻과 아울러 다음과 같은 세 가지 의미를 담고 있다고 합니다. 첫째, 몸을 덥히며 더러움을 씻는다. 둘째, 몸에 쌓인 피로를 푼다. 셋째, 건강을 증진한다.

어느 설이 옳든 간에 ♨는 욕조 안에서 올라오는 뜨거운 수증기를 잘 표현한 덕분에 사람들의 공감을 얻었고 널리 퍼졌습니다.

우리나라에도 예전부터 온천이 있었지만, 특권층만이 한시적으로 이용했습니다. 대중적인 온천은 1900년쯤 부산에서 처음 개발되었습니다. 이와 함께 공중목욕탕도 세워졌습니다.

"남들 앞에서 벌거벗고 몸을 씻는다고? 망측해라!"

"같은 동성끼리 씻는데 어때. 몸이 개운하고 좋기만 하구먼."

1924년 평양에 공중목욕탕이 처음 설립되었고, 서울에는 이듬해 세워졌습니다. 이때 온천지뿐만 아니라 목욕탕에도 ♨ 기호를 사용했습니다. 하여 우리나라에서 ♨ 기호는 목욕탕이나 온천탕으로 통합니다.

약 봉투에 그려진 처방전 기호는 무슨 뜻일까?

'유독성 물질은 예외 없이 심장에 경고하리라!'

고대 로마인들은 어떤 혼합물을 저을 때는 반드시 왼손 넷째 손가락을 사용했습니다. '넷째 손가락에는 심장으로 직접 이어지는 신경이 있어서 독이 있으면 심장이 놀라 그 반응을 넷째 손가락에 전달할 것이다.'라고 믿었기 때문입니다.

'약을 먹기 전에 왼손 넷째 손가락으로 저어야 해.'

그래서 로마인은 넷째 손가락을 약손가락이라고 불렀습니다. 옛날에는 액체로 된 약을 주로 마셨는데, 이때 여러 약을 섞을 때 넷째 손가락을 많이 사용한 데서 착안한 명칭이지요.

요즘에는 고체로 된 약이 많아져서 넷째 손가락을 사용할 일이 많이 줄어들었습니다. 아프면 병원에 가서 진료받은 다음 약국에 가서 약을 사면 되니까요.

"약 봉투에 그려진 이 기호는 무슨 의미일까?"

그런데 약 봉투를 보면 이상한 기호가 있습니다. 약 봉투가 모두 똑같지는 않지만, 대체로 약을 담는 그릇과 찧는 약절구와 기호 하나가 있는 것입니다. 그릇과 약절구는 옛날에 서양에서 약을 빻아 가루로 만들던 관습을 나타낸 것입니다.

그렇다면 기호는 무엇을 그린 걸까요?

약 봉투에 그려진 처방전 기호의 유래는 다음과 같습니다.

고대 이집트 신화에 따르면, 사람 육체에 매의 머리를 한 태양신 호루스가 아버지 원수를 갚으려고 삼촌에게 도전했습니다. 그러나 호루스는 싸우는 도중에 한쪽 눈을 잃고 말았습니다. 그때 의사의 수호신 토드가 나타나 기적적으로 그 눈을 고쳐 주었습니다. 덕분에 호루스는 다시 예전과 같이 두 눈을 가지게 됐습니다.

"오호, 이것은 재미있으면서도 뭔가 느낌 있는 전설이군."

서기 2세기쯤 그리스 출신 의사 갈레노스는 로마 황제 안토니우스의 시의(궁중에서, 임금과 왕족의 진료를 맡은 의사)로 일하고 있었습니다.

어느 날 갈레노스는 호루스 신화를 읽은 뒤 문득 떠오르는 느낌이 있어 이상한 기호를 하나 그렸습니다. 호루스의 눈을 단순하게 표현한 기호였고, 막연하지만 신비감을 나타냈습니다.

'질병과 액운을 막아 주는 성스러운 부적!'

뒷날 갈레노스는 신비한 분위기를 만들려는 목적에서 그 기호를 자신이 처방한 약 봉투에 그려 넣었습니다. 뜻이 통해서인지 환자들은 그 부호를 보며 약에 신비한 기운이 있을 거라고 믿었습니다.

"신비한 이 약을 먹으면 내 병이 반드시 나을 거야."

오늘날 병원이나 약국에서 사용되는 약 봉투에 그려진 처방전 기호는 호루스의 눈을 그린 것으로, 처음의 그림이 점차 단순화되면서 현재와 같은 기호로 바뀌었습니다. 그리고 현대에 와서 '이 약을 드시오.'라는 의미까지 지니게 됐습니다.

"약국은 무슨 뜻일까?"

'약국(藥局)'은 '약을 짓는 곳'이란 뜻이며, '약국계(藥局契)'에서 유래한 말입니다. 약국계란 조선 중기 이후에 상호 의료 부조를 목적으로 하여 설립된 계를 이르는 명칭입니다. 약국계는 주로 약품을 마련하기 어려웠던 외딴곳에서 성행했습니다.

"계원은 아프면 말하세요. 의원을 부르거나 약을 구해 드리겠습니다."

1603년에 설립된 강릉 지방의 약국계는 약 200년 동안 유지되었습니다. 약국계 계원은 의원과 약을 갖추는데 필요한 경비를 댈 수 있는 경제적 조건과 양반층에 속하는 신분적 조건을 갖춘 사람만이 될 수 있었습니다.

"누구나 약을 살 수 있습니다."

근대적 형태의 약국은 1895년 6월 22일 개화당의 새로운 정부가 성립된 뒤 생겼습니다. 약을 다루는 사람인 약제사, 약제관, 제약사 등의 직명도 이때 생겼습니다. 아울러 약을 다루는 업소를 가리키는 양약국, 한약국, 약포, 약방 등의 명칭도 더불어 생겼습니다.

이메일 기호(@)는 무슨 뜻일까?

"단어를 클릭하면 다른 문장으로 이동할 수 있습니다."

1989년 스위스 제네바에 있는 유럽 입자 물리학 연구소에서 근무하던 팀 버너스 리는 '글로벌 하이퍼텍스트 프로젝트'를 최초로 제안해서 관심을 끌었습니다.

'하이퍼텍스트'란 클릭하는 순간 다른 문서로 이동할 수 있는 문서 형태를 가리키는 말입니다. 팀 버너스 리는 여러 연구원의 연구 결과물을 '하이퍼텍스트'라는 형태로 만들면 더욱 쉽게 연결할 수 있다고 예견한 것입니다.

"화면을 통해 세계 전역의 문서를 서로 볼 수도 있습니다."

이런 발상은 웹(web)의 탄생으로 이어졌습니다. 그것을 위해 웹 브라우저의 초기 형태를 만들어내고, 웹의 근간을 이룰 프로토콜을 완성했으니까요.

'프로토콜'이란 하이퍼텍스트를 손쉽게 만들게 해 주는 생성 언어인 HTML(Hypertext Markup Language)과 주소 표시 양식인 URL(Uniform Resource Locator) 등을 말합니다. 좀 더 쉽게 설명하자면, 통신 회선을 이용하여 컴퓨터끼리 데이터를 주고받을 때 약속한 여러 규약을 뜻합니다.

팀 버너스 리는 나아가 인터넷과 연결했을 때 놀라운 기능을 발휘하는 웹을 발명했습니다. '웹'은 월드 와이드 웹(World Wide Web)의 약자로, 동영상이나, 음성 따위의 각종 멀티미디어를 이용하는 인터넷을 이르는 말입니다.

또 하이퍼텍스트를 이용하여 쉽게 원하는 정보와 관련한 정보를 찾아볼 수 있도록 해 주는 프로그램을 이르는 말입니다.

그렇다면 '이메일'이란 무슨 뜻의 단어일까요?

'이메일(email)'은 전자 우편(electronic mail)의 줄임말로, 컴퓨터의 단말기 이용자끼리 통신 회선을 이용해 주고받는 글을 말합니다.

"아하, 종이가 아니라 컴퓨터 화면으로 주고받는 편지구나!"

이메일은 1972년 7월에 미국의 프로그래머 레이 톰린슨이 발명했습니다. 톰린슨은 1971년 두 컴퓨터 사이에서 이메일을 주고받을 수 있는 최초의 시스템을 개발했습니다. 그는 이듬해에 최초의 이메일을 자신에게 보냈습니다. 그는 한 컴퓨터에서 메시지를 입력한 뒤, 다른 컴퓨터로 가서 우편함을 검사했다면서 뒷날 이렇게 말했습니다.

"마침내 신뢰할 수 있을 정도가 되었을 때, 나는 개발한 컴퓨터로 회사의 컴퓨터에 접속한 모든 사람에게 사용자 이름과 호스트 이름 사이에 @을 넣어 메시지를 보냈다."

다시 말해 톰린슨은 사용자 계정(ID)과 컴퓨터 이름(도메인 이름)을 구별하기 위해서 @라는 기호를 표시했습니다.

이메일 기호 @는 무슨 뜻일까요?

전자 우편에 표시되는 @은 앳 사인(at sign) 또는 앳 마크(at mark)로 읽습니다. 일반적으로 영어의 앳(at)를 의미합니다. at은 지점이나 위치를 가리키는 '~에 있는', 소속을 뜻하는 '~의' 따위 의미를 지니므로, 어떤 장소나 위치를 알려 주는 셈입니다.

그런데 왜 @가 이메일의 상징 기호가 됐을까요?

중세 유럽에서는 종이가 귀했습니다. 하여 글을 쓸 때 되도록 줄여서 썼는데, 대표적인 예가 @입니다. @는 '~에' 또는 '~으로부터'의 경우처럼 무언가를 전달하거나 전달받는 대상을 의미하는 대용어로 쓰였습니다. 장소나 위치를 가리키는 영어 단어 at을 대신해서 @ 기호를 쓴 것이지요.

"이젠 종이를 구하기 쉬우니 쓰고 싶은 대로 써야겠다."

이후 @는 종이가 흔해지면서 점차 사라졌습니다. 그러다가 컴퓨터와 인터넷의 종주국인 미국에서 이메일을 보급하면서 다시 이 기호가 주목을 받았습니다. @은 '어디 어디에 있는'이라는 뜻을 가진 전치사 'at'의 대용어로 사용됐으며, 세계로 급속히 퍼졌습니다.

"골뱅이처럼 보이네."

나라마다 앳 마크를 달리 부릅니다. 우리는 흔히 '골뱅이'라고 말하지만, 대만에서는 '생쥐', 헝가리에서는 '작은 벌레', 그리스에서는 '작은 오리', 슬로베니아에서는 '원숭이 꼬리', 스웨덴에서는 '코끼리 코', 프랑스에서는 '달팽이', 러시아에서는 '작은 개'라 말합니다. 각각 그 나라 사람들이 친숙하게 여기는 사물을 반영한 결과입니다.

우리나라 화폐 단위 기호의 유래

"화폐 기호는 어떻게 해서 생겼을까?"

화폐 명칭의 유래는 다양합니다. 예를 들면 영국 화폐 단위인 '파운드(pound)'는 고대 로마의 중량 단위 폰두스(pondus)에서 그 기원을 찾을 수 있습니다. 원래는 은행권 1장을 은(銀) 1파운드와 교환할 수 있었기에 붙인 이름이었거든요.

하지만 1816년, 은 본위제(일정량의 은을 화폐 단위로 하는 제도)를 폐지하면서부터는 명칭만 그대로 쓰고 은의 중량과는 관계가 없어졌습니다. 파운드를 표시하는 기호 ₤는 고대 로마에서 폰두스와 같은 중량 단위로 사용된 리브라(libra)의 머리글자에서 따왔습니다.

"동전 금액 단위는 페니로 하노라."

이에 비해 영국 돈(주로 동전)의 소액 단위인 페니(penny)는 d로 표시됩니다. 이 기호는 로마 시대 화폐인 데나리우스(denarius)의 머리글자에서 따온 것입니다. '주다'라는 뜻의 그리스 어 디나리온(dinarion)에 어원을 둔 데나리우스는 로마 제국 전역에서 사용된 주요 은화로 매우 인기가 높았습니다. 아라비아와 유고슬라비아의 화폐인 '디나르(dinar)' 역시 데나리우스에 어원을 두고 있습니다.

"소 한 마리 값은 엽전 백 냥이로소이다."

옛날 우리나라에서는 화폐를 흔히 '엽전'이라고 말했습니다. 주로 동전을 사용했고, 동전은 나뭇가지에 열매 맺힌 모양의 틀에 쇳물을 부어 만들었기 때문입니다. 한자로는 葉(잎 엽), 錢(돈 전)입니다. 화폐는 개화기 때에는 은화를 많이 썼기에 돈을 '은'이라고 불렀습니다.

"이것은 열 냥짜리올시다."

조선 시대에 화폐 단위는 '냥(兩)'과 '전(錢) 또는 돈쭝(錢重)'을 썼습니다. 1냥은 10전(또는 10돈쭝)이었습니다. 조선 시대 돈의 가치는 금속과 같았기에 무게 단위를 화폐 단위로 쓴 것입니다.

"나리, 한 푼만 주세요!"

"땡전 한 푼 없다!"

조선 후기에 들어서는 기존의 '냥'과 '전'에 '푼(分)'을 썼습니다. 1전은 10푼이었지요. 거지가 '한 푼만 줍쇼!'라고 부탁할 때의 1푼은 최소 화폐 단위입니다.

근대 들어서는 '돌고 돌다.'라는 뜻의 '환(圜)'을 썼습니다. 1901년 2월에 금 본위 제도(금의 일정량의 가치를 기준으로 단위 화폐의 가치를 재는 화폐 제도) 채택을 내용으로 하는 '광무 5년 화폐 조례'를 시행하면서 1환의 가치를 순금 2푼(750밀리그램), 아울러 1환=100전(錢)으로 화폐 셈식을 정했습니다.

"환을 원으로 바꾸노라."

그러다 일제 강점기인 1910년에 화폐 단위가 '둥글다'란 의미의 '원(圓)'으로 바뀌었습니다. 일본의 조선 총독부가 그해 12월 1일부터 한국은행권 1원권을 발행하면서, 기존에 쓰던 '환'을 일본 화폐 단위인 '원'으로 바꾼 것입니다. 원은 1953년 화폐 개혁 이전까지 사용되었으며, 이후부터는 다시 종전의 환을 화폐 단위로 삼았습니다.

"화폐 단위를 한글로 원이라고 부릅시다."

현재의 '원'은 1962년 6월 9일 '긴급통화조치법'에 의해 당시의 혁명정부가 통화 개혁을 단행하면서 종래의 '환' 대신 새로 채용했습니다. 이 때의 '원'은 예전의 일본식 화폐 단위가 아닌 한글로 된 최초의 화폐 단위이고, 보조 단위인 '전'의 100배 가치입니다.

원을 영자로는 WON으로 표기하며, W에 수평으로 줄을 그어 ₩ 기호를 만들었습니다. 특별한 상징이 담긴 기호는 아니고, '원'이라는 뜻의 영어 단어 머리글자 W에 가로줄을 그어 기호로 만든 것이지요.

문장 부호 마침표와 쉼표의 유래

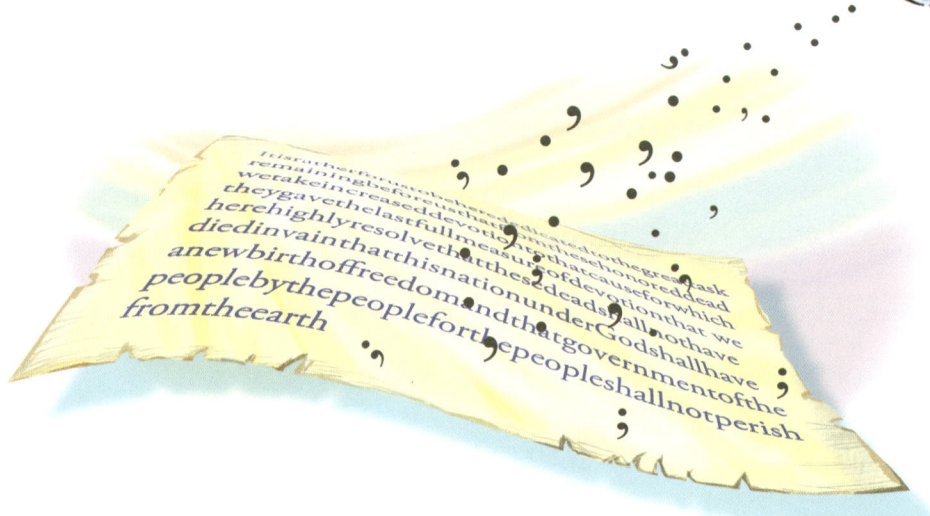

"나의 자랑스러운 일생을 책에 담아야겠다!"

18세기 말 미국의 큰 부자였던 티모시 덱스터는 죽기 4년 전인 1802년 자신의 찬란한 생애를 자랑하고자 회고록을 펴냈습니다.

《소박한 옷을 입은 명백한 사실》이라는 제목의 이 회고록은 큰 화제를 끌었습니다. 하지만 그 이유는 훌륭한 내용이 아니라 엉뚱한 데 있었습니다.

"구두점이 없어서 도무지 읽을 수가 없네."

그가 쓴 문장은 처음부터 끝까지 앞뒤가 맞지 않는 하나의 장문이었습니다. 더욱이 구두점 하나 없이 발음 그대로 철자를 표기했기에 사람들의 웃음거리가 된 것입니다.

"이게 뭐야? 뭔 말인지 도대체 알 수가 없잖아."

"구두점도 모르는 바보인가 봐."

존경을 기대했던 덱스터의 바람과 달리, 사람들은 흉을 보았습니다. 회고록에 구두점이 없다 하여 멍청하다는 비웃음이 쏟아졌습니다. 그러자 덱스터는 그 비판에 답하여 개정판을 내면서 다음과 같은 기묘한 회답을 덧붙였습니다.

"유식한놈들이내책에구두점이없다고잔소리해서여기에실컷쓸테니까마음에드는대로고춧가루후춧가루를뿌려맛을내주시오,,,,,,,,,,,,,,,,,,,,,,,,,,,,,,,,,,,,,!!!!!!!!!!!!!!!!!!!!!!!!??????????????????????"

위 일화에서 등장하는 '구두점'은 무슨 뜻일까요?

'구두점(句讀點)'은 글의 뜻을 분명히 밝히기 위하여 글을 마치거나 쉴 때 찍는 쉼표와 마침표를 뜻하는 말입니다. 한자를 살펴보면 句(글귀 구)는 문장이 끊어지는 곳을 의미합니다. 讀(구절 두)는 소리 내어 글을 읽는 것을 뜻합니다. 點(점 점)은 문자 그대로 점을 의미합니다.

"쉬어야 할 곳에 쉼표를 찍고, 문장이 끝나는 곳에 마침표를 찍어야 합니다."

문장 용어에서 '마침표(.)'는 문장이 끝났음을 나타냅니다. '쉼표(,)'는 절과 구를 구분하는 데 필요한 곳에 점을 찍어 나타낸 기호입니다.

"기호가 점처럼 보이네."

그렇습니다. 구두점을 의미하는 영어 단어 punctuation은 '점'을 뜻하는 라틴 어에서 유래했습니다. 마침표(period), 쉼표(pause)를 나타내는 영어 단어는 모두 그리스 문법학자들로부터 빌려온 용어입니다.

그리스 인은 문장 전체나 일부를 마치거나 쉬어야 할 때 현재의 마침표, 세미콜론(쌍반점), 쉼표에 해당하는 표시를 했습니다.

"공간 없이 죽 이어서 글자를 쓰시오."

유럽에서는 오랫동안 글자를 일렬로 이어서 썼습니다. 하지만 그 뒤 차츰 하나의 행 안에 여백을 두어 단어를 구분했습니다. 그리스 시대부터 중세에 이르기까지 학자들은 개인적 취향에 따라 자기 마음대로 점을 찍거나 선을 그어 구두점으로 사용했습니다.

"원칙이 있으면 읽기에 더 편할 거야."

16세기에 와서야 비로소 구두점의 체계가 세워졌습니다. 1566년 베네치아의 인쇄 출판업자 알두스 마누티우스가 자신이 쓴 구두점 안내서에서 마침표를 쓰면서 문장의 끝이 지니는 의미와 역할을 명확하게 설명했거든요. 이때 알두스는 주요한 부호들을 그리스 문법학자들에게서 따왔습니다.

"한글은 언제부터 문장 부호를 썼을까?"

우리나라의 경우 구두점은 《용비어천가》에서 처음 보입니다. 잘못 읽는 일을 막기 위해 한자 귀퉁이에 권점(圈點, 둥근 점)을 찍었습니다. 따라서 권점은 우리나라 문장 부호의 효시입니다.

"구절 끝에 찍는 점을 구점, 즉 마침표라고 합니다."

"단어와 단어를 구별하는 점을 두점, 즉 쉼표라고 합니다."

현재와 같이 마침표(.)와 쉼표(,)를 형태상 구별하여 쓴 것은 1910년 이후부터입니다. 영문법이 소개되면서 서양의 구두점이 국어에 적용되어 종류가 다양해졌습니다.

1933년 조선어 학회가 〈한글 맞춤법 통일안〉에 문장 부호 16종을 처음으로 규정했습니다.

오늘날 마침표(.)는 문장이 끝난 것을 나타낼 때, 쉼표(,)는 절과 구를 구분할 때 쓰고 있습니다.

비상구 아이콘의 유래

"알립니다. 침착하게 비상구로 대피하십시오!"

화재나 지진 따위의 매우 위험한 일이 갑작스럽게 일어나면 영화관이나 호텔 등 대형 건물의 관리자는 이처럼 방송하곤 합니다. 이때 비상구는 위험을 피하고자 미리 마련해 놓은 출입구를 의미합니다. 어두운 상태에서도 쉽게 볼 수 있도록 비상구 위에는 비상구라는 글씨가 적힌 비상등이 항상 켜져 있으며, 비상등 색깔은 초록입니다.

"왜 강렬한 빨간색으로 하지 않았을까?"

초록 비상등은 눈의 기능과 색채 심리를 고려한 색깔입니다. 우리는 눈의 망막에 있는 추상 세포와 간상세포를 통해 색을 느끼는데, 이 중 추상 세포는 밝은 곳에서만 많은 색깔을 알아보게 해 줍니다.

"밝은 곳과 어두운 곳에서 빨리 찾아볼 수 있는 색깔이 다르다는 뜻이군."

이에 비해 간상세포는 어두운 곳에서 상대적으로 적은 색깔을 알아보게 해 줍니다. 또한 간상세포는 초록 광선은 잘 느끼지만, 붉은 광선은 그렇지 못합니다. 바꿔 말해 어두운 곳에서 우리 눈은 초록색은 비교적 잘 알아보지만 붉은색은 잘 알아보지 못합니다. 비상등 색깔을 초록으로 한 이유가 여기에 있습니다.

그렇다면 비상구 표지는 언제 어느 나라 사람이 만들었을까요?

"불이야, 불!"

1972년 일본 오사카의 천일 백화점에서 큰 화재가 일어났고, 이듬해에는 구마모토의 대양 백화점에서 역시 큰 화재가 발생해 100명이 넘는 사람들이 죽거나 다쳤습니다. 이때 피해자들을 조사하는 과정에서 非常口(비상구)라고 쓰인 출입구가 있었지만, 그 한자를 읽지 못해 우왕좌왕한 사람이 적지 않았음이 드러났습니다.

"누가 봐도 알 수 있게 그림 문자로 바꾸는 게 좋겠습니다."

1979년 일본은 국민을 대상으로 비상구 아이콘을 공모했습니다.

3337가지 응모작이 접수됐으며 심사 위원들은 사람의 팔다리 모양과 그림자 방향을 고려하여 수상작을 선정했습니다. 디자인 전문가가 수상작의 약간 미흡한 점을 다듬어 지금과 같은 비상구를 완성했습니다.

"급히 달려가는 동작을 잘 표현했네."

일본은 1980년 6월 비상구 아이콘을 ISO(국제 표준화 기구)에 제출하여 국제 규격으로 삼고자 했습니다. 당시 ISO에서는 여러 해에 걸친 심의 끝에 러시아의 비상구 아이콘을 국제 규격으로 잠정 결정한 상태였습니다.

러시아의 비상구 아이콘은 현재 비상구와 비교할 때 아래쪽에 문턱이 있었습니다. 그래서 러시아는 그 점을 지적하며 문의 형태를 잘 표현한 자기 나라 안을 채택해야 한다고 주장했습니다.

"문을 모두 제대로 표현해야 바로 알아볼 것 아닙니까?"

하지만 그 지적이 오히려 일본의 비상구 아이콘을 돋보이게 했습니다.

일본은 이렇게 반박했습니다.

"문턱이 있으면 비상구 속 사람은 객관적인 그림이 되므로 보는 사람과의 관계가 단절됩니다. 반면에 문턱이 없으면 달리는 사람의 자세가 심리적으로 보는 사람과 일체가 됩니다. 다시 말해 문턱이 없어야 비상구 아이콘의 달리는 인물이 자기 자신처럼 여겨져 일체감을 느끼면서 지시하는 방향으로 나가게 되는 것입니다."

결국 일본 측 비상구 아이콘이 더 많은 호응을 얻자, 1982년 4월 ISO 런던 회의에서 러시아가 자기 나라 안을 취소했습니다.

오늘날 비상구 기호는 초록 바탕에 하얀 그림 문자로 표시되며, 그림 문자 속의 사람이 뛰어가는 방향으로 나가라는 뜻을 담고 있습니다.